단디 해라이~

단디 해라이~
허숙영 수필집

펴낸날 | 2013년 8월 30일

지은이 | 허 숙 영
펴낸이 | 오 하 룡

펴낸곳 | 도서출판 경남
주　소 | 창원시 마산합포구 몽고정길 2-1
연락처 | (055)245-8818~9 / 223-4343(f)
홈페이지 | www.gnbook.com
전자메일 | gnbook@empal.com
출판등록 | 제567-1호(1985. 5. 6.)
편 집 팀 | 오태민 심경애 구도희

＊잘못된 책은 바꿔 드립니다.
＊저자와 협의 인지 생략합니다.

ISBN 978-89-7675-857-6-03810
〔값 10,000원〕

경남
산문
선

009

허숙영 수필집

단디 해라이~

| 책을 펴내며

걸머지고 있던 20여 년의 세월을 부려놓는다. 삶의 부끄러운 부분까지 드러내 놓으려니 수필 쓰기가 어렵다는 것을 새삼 느낀다. 아직 덜 여문 알곡을 터는 것 같아 망설이고 있을 때 '글 빚은 갚아야 하지 않겠느냐'고 채찍질해 주신 선생님이 계셔서 용기를 내게 되었다.

시대에 맞지 않게 칠거지악의 부덕을 가르치던 아버지, 절대적 아들 신봉자인 어머니, 혹독한 시집살이를 시키던 시어머니, 겨레와 민족을 위해 밤낮없이 바쁘다는 핑계를 대는 남편에게 내몰려 택한 탈출구가 수필 쓰기였다. 사는 것이 힘들지 않았더라면 결코 들어서지 않았을 길이다. 이제는 수필가의 길로 물꼬를 트게 만들어 준 가족들에게 오히려 고마워하고 있다.

나에게 글쓰기는 메마른 삶을 적셔주는 물줄기였다. 글을 쓰면서 나를 다독이며 위로했고 글을 쓰면서 팍팍한 성질이 순화되는 것을 느꼈다. 수필을 쓰는 동안 혼란스럽던 내 삶은 정돈되어 갔고 옆을 돌아볼 여유가 생겼다.

　내 삶의 모습이 바로 내 글이므로 함부로 살 수 없는 이유가 되어 준 것이다. 내가 작품을 다듬는 것이 아니라 수필이 나를 사람답게 만들고 있었다.

　글을 붙들고 있지 않았다면 어떻게 살았을지 가끔 생각해 볼 때가 있다. 아무리 힘든 일도 지나가게 마련이라며 틈틈이 말을 거는 내 글을 세상구경 시키게 되어 뿌듯하지만 한편으로는 두렵다. 행여 주변 사람에게 상처가 된 문구가 있었다면 너그럽게 용서해 주기를 바랄 뿐이다.

　부족한 글에 기꺼이 평설을 써 주신 정목일 선생님, 20여 년 한결같은 마음으로 버팀목이 되어준 문우들에게 감사드린다. 엄마 글이 최고라며 엄지손가락 치켜세우던 아들과 타박하지 않고 묵묵히 지켜봐준 남편, 고생하신 도서출판 경남 식구들에게도 고마움을 전한다.

단디 해라이~

| 차 례

책을 펴내며 • 004

제1부

선인장 가시에 찔리다

단디 해라이~	010
꽃으로 피어난 쪽머리	013
꽃받침	016
다림질	019
옹기 항아리처럼	022
선인장 가시에 찔리다	026
장 담그는 날	030
보청기 속 세상	034
좁은 문	038
휴 가	042

제2부

무명지의 반란

구두병원	048
역할 바꾸기 놀이	051
직지直指가 보내는 편지	054
무명지의 반란	058
선택의 기로에 서면	062
할머니 제자의 편지	066
우 산	070
원북아지매	073
친구를 만나고 싶은 날	076
풍선껌을 불며	079
치과에서	083

비움	088
1번 자리에 누가 등극할 것인가	092
그 방	095
복조리	099
눈높이 사랑	103
노부부의 사랑법	106
신경나무 — 미모사	110
양심거울	114
인생은 숫자놀음	117
아버지 유품	121
시간 여행	125

제3부

양심거울

인동꽃	132
지갑 속의 사랑	135
헐리는 집	138
숯가마에서	142
자신에게 최면 걸기	145
고향의 찔레꽃	149
황금비율의 삶	153
바닷가에서 소고기를 낚다	156
종과 종메	159
생활 속의 짚풀 공예	162
토담 아래서	166
잃어버린 고향을 찾아서	169
가사문학의 산실은 지금	174

제4부

자신에게 최면 걸기

제5부

마음 트기

2008. 한겨울 어느 아침	182
공터에 핀 꽃	186
김장철이 되면	189
넘어져도 괜찮아	193
소라 껍데기가 들려주는 이야기	196
소방의 날에	200
쑥 향기를 맡으며	203
옷만 날개인가	206
마음 트기	210
짝사랑	214
뒤돌아본 대마도	218
저도 연륙교를 건너다	222

평설 일상의 발견과 삶의 깨달음 — **정목일** • 226

제**1**부

선인장 가시에
찔 리 다

단디 해라이~

포항에서 대학을 다니는 아들을 만나러 우리 부부는 오랜만에 포항에 갔다. 아들만 만나면 시골에 계신 할머니에게 전화를 하라는 남편이 아들을 보자마자 또 안부전화할 것을 강요한다.

무뚝뚝한 아들이 "예. 예." 하며 간단한 대답 몇 마디만 하더니 전화를 끊고 씩 웃는다. 할머니께서 "단디 해라이~." 한마디로 전화비 많이 나온다며 전화를 끊으셨단다. 아들에게 그 말뜻을 알겠느냐고 물으니 엄마가 자주 쓰는 말이니 알 것 같기도 하단다. 단디 하라는 말 속에는 하고 싶은 말 모두가 다 들어 있다고 설명해주었다.

경상도 사람은 대체로 성질이 급해서 쓰는 언어도 짧고 굵고 빠르다. 짧은 언어 속에 많은 것을 표현하려니 투박하고 거칠다. 하지만 경제적이다. 자질구레한 속마음은 다 잘라버리고 한마디 툭 던지는 사투리에서 정겨움과 한 울타리 공동체임을 느낄 때가 많다.

단디 하라는 말은 많은 것이 함축되어 있는 경상도 사투리다. 염려가 있고 사랑이 있고 기도가 들어 있다. 흔히 들을 수 있는 말이지만 아무에게나 할 수 있는 말이 아니다. 할머니가 귀히 여기는 손주에게, 어머니가 멀리 떠나는 아들딸에게 애정을 듬뿍 담아 할 수 있는 말이다. 투박한 말투 때문에 자신의 마음을 다 내보이지 못하는 경상도 어머니의 뭉뚱그린 마음씀이 소도록하게 다 들어 있다.

　이렇게 추운 날 몸조심하라는 뜻도 들어 있고, 밥 잘 챙겨 먹으라는 뜻도 들어 있다. 공부 열심히 하라는 것도, 부모님 실망시키지 말라는 당부도, 자주 전화하라는 부탁도 있을 것이다. 너를 믿고 사랑한다는 할머니의 애틋한 정도 들었고, 형제간에 사이좋게 지내야 하며 자만하지 말라는 훈계도 들었을 것이다. 그리고 보니 '단디 해라이~' 가 엄청난 힘이 있는 한마디로 다가온다. 대단한 포용력을 가진 말이 아닐 수 없다.

　오래전, 객지에 나가는 나에게 눈물 훔치며 어머니가 일렀던 말이기도 하다. 혼자서 헤쳐나가야 하는 풍랑 속으로 내보내는 딸의 뒷모습이 안쓰러웠을 것이다. 오래도록 붙잡아 두지 못하는 처지를 가슴 아파했을 것이다. 사춘기를 방황 없이 넘길 수 있었던 것은 그때의 엄마 심정을 헤아려 볼 수 있었기 때문이 아닌가 싶다. 힘들고 외로워 다 포기하고 싶을 때 떠올려 보는 영양제 같은 말이었다.

　'단디 해라이~' 입속에 넣어 조용히 되뇌어 본다. 세상을 단단히 야무지게 스스로를 단속하며 내가 주인공이 되어 이끌어 보라는 여운이 되어 가슴속에 머문다. 단단하고 옹골차게 살라는 뜻이리라. 못내 어수룩한 나 같은 딸에게 어머니가 할 수 있는 최상의 말이었을 것이다.

내 아이들을 내 품에서 내보내면서도 똑같이 썼던 말이기도 하다. 지금도 이 말을 자주 쓴다. 멀리 떨어져 있는 두 아들에게 전화를 하고 끝날 때쯤이면 주술처럼 이 말이 튀어 나온다. 그러면 아들녀석들은 그냥 허허거리고 웃기만 한다. 안다는 뜻인지 엄마의 사투리가 우스워서인지 모르지만 나는 아이들을 믿어본다.

"단디 해라이~."

이 한마디가 과거에 힘을 주었듯이 요즘처럼 쓸쓸하고 불안할 때도 마음을 잡아주는 역할을 하고, 훗날 절망적인 일과 부딪힌다고 해도 이겨나갈 용기를 줄 것이라 믿는다.

할머니에게서 엄마로 또 아들에게로 '단디'가 촉촉이 스며들었나 보다. 헤어질 때가 되자 아들 녀석이 내 손을 맞잡고 흔든다.

"엄마도 단디 해라이~."

꽃으로 피어난 쪽머리

우리 집에 다니러 오신 어머니가 병원에 입원을 하게 되었다. 갑자기 일어서지도 앉지도 못하게 된 어머니를 휠체어에 겨우 앉혀 한의원에 갔더니 허리뼈에 금이 갔다고 한다.

수술을 앞두고 어머니는 정리할 게 많은 듯 유언처럼 자질구레한 이야기를 하더니 머리카락을 자르고 싶어 했다. 팔십 평생 한 번도 짧게 잘라내지 못한 머리카락이다. 부모가 준 머리카락을 절대로 훼손할 수 없다고 여태껏 버텼는데 웬일인지 잘라버리고 싶단다.

어머니를 의자에 앉히고 보자기를 둘렀다. 쪽을 찐 머리를 풀어 내리고 가위를 드니 어깨가 움찔한다.

"깎지 말까요?"

"아니다, 깎아버려라!"

다잡은 마음도 어쩔 수가 없는지 급기야 눈물방울이 떨어진다. 눈물 속

단디 해라이~

에 깃든 의미는 무엇일까.

　어머니는 여자라고는 없는 집에 시집을 와, 병 깊은 시아버지 수발을 들며 농사일을 하고 집안 살림을 해왔다. 그동안 여자로서의 치장은 해 볼 겨를도 엄두도 내 보지 못했다. 어쩌다 외출을 할 기회가 있을 때면 유일하게 치장을 하는 것이 머리였다. 아주까리 기름을 바르고 반듯이 올려 빗어 비녀를 꽂아 쪽을 찌는 것이 전부였다. 칠흑 머리에 단정히 쪽을 찌어 새하얀 모시 한복을 차려입고 나서면 다른 화장을 하지 않아도 눈이 부셨다. 아버지도 말은 하지 않았지만 그런 어머니가 자랑스러웠는지 머리 모양만은 그대로 두길 원했다.

　그렇게 어머니를 여자답게 만들어주던 그 머리카락을 자르려니 눈물이 날 수밖에 없을 것이다.

　"한 귀퉁이 깎고 나니 대성통곡 절로 나고, 한 귀퉁이 깎고 나니 치마 앞이 소가 되네……."

　구전민요 한 가락을 읊더니 또 한숨을 내쉰다.

　"머리 짧으면 감기 좋고 말리기 좋고 잠자기도 편하고 또한 영양분이 머리카락으로 다 가는 일도 없으며……."

　나는 어머니 눈치를 살피며 이런저런 말로 길게 설득을 한다. 몇 번의 다짐을 두고 손아귀에 든 한 묶음의 머리카락을 싹둑싹둑 자른다. 어머니의 애환이 잘려 나가고 진한 설움 덩어리 같은 검은 머리카락 한 줌이 내 손에 쥐어졌다. 다시 이어 붙일 수 없는 그것은 되돌릴 수 없는 세월처럼 어머니의 마음에 미련을 갖게 만드나 보다. 혹시 쓰일 데가 있을지 모른다며 모아두라고 하더니 내가 볼멘소리를 내지르니 그냥 버리란다.

숱한 폭풍우 속에서도 흔들림 없이 주부의 정도를 걸어온 길처럼 앞 가리마는 한 치의 비틀림 없이 올곧았다. 평생을 단단히 잡아주던 은비녀는 어머니의 육체처럼 낡아 조각된 그림이 다 지워졌고, 반질반질 윤나던 머리카락은 기름기가 빠져 푸석푸석했다.

퇴원을 하고 안정이 되자 또 머리에 미련이 생기는 것 같다. 그러나 짧아진 머리는 다시 길 때까지 기다릴 수밖에 다른 도리가 없었다. 머리카락이 조금 길어 지저분하고 관리가 더 힘들어지게 될 즘 미장원에 모시고 가 파마를 시켰다. 몸에 좋지 않으니 더 이상 염색도 하지 마시라고 신신당부를 했다. 시간이 지나자 새하얀 파마머리가 되었다.

획기적인 변신을 하고 걱정스러운 마음으로 두어 달 만에 집에 돌아간 어머니에게 야단을 칠 줄 알았던 아버지는 "임자 머리가 꼭 꽃송이 같네. 그동안 고생 많았네." 하면서 오히려 위로를 해 주셨다. 그러고 보니 막 피어난 한 다발의 백장미 같았다.

그 한마디 말만으로도 오랜 세월 옹이 진 마음을 풀어 놓기에 충분했다. 과묵한 아버지로서는 고마움과 미안함이 섞인 최고의 찬사인 것을 어머니도 알기 때문이었다. 또한 한평생 고생만 시켜가며 쪽머리처럼 묶고 있던 엄격한 인습으로부터의 해방이며 맏며느리, 아내, 어머니의 의무에서 벗어나도 좋다는 하늘의 전언같이도 들렸다. 아내에게 자유를 주었음인지 그해 가을 아버지는 홀가분하게 먼 길을 떠나셨다.

꽃으로 피어난 쪽머리처럼 어머니의 남은 생도 활짝 폈으면 좋겠다. 어머니의 머리 깎기는 자신에게나 아버지에게나 짐 하나를 내려놓는 숭고한 의식이었다고 자위해 본다.

단디 해라이~

꽃받침

　초록별이 떴다. 아파트 담을 따라 피었던 빨간 장미꽃잎이 떨어지고 꽃을 받쳐주던 꽃받침 다섯 잎이 초록별꽃으로 남았다. 꽃의 화려함을 받쳐주느라 힘들었는지 더러는 누렇게 뜬 것도 있다. 초록별꽃으로 손색이 없지만 있는 힘을 다했으니 머지않아 그마저 시들어 버릴 것이다. 꽃받침이 없었다면 현기증 나도록 화려했던 담을 여름내 볼 수 있었을까.

　꽃은 크면 큰 대로 작으면 작은 대로 대부분 꽃받침을 갖고 있다. 꽃받침은 꽃보다 먼저 생겨 온힘을 다해 꽃잎과 수술 암술을 보호한다. 숭고한 사랑이 자신보다 훨씬 무거운 꽃을 받치는 힘이 되지 않았을까.

　우리 곁에는 꽃받침 역할을 하는 것들이 많다. 아기를 안아든 엄마의 두 손이, 목마른 사람에게 주는 한 잔의 물을 받치는 그릇이 꽃받침이다. 노인의 잇몸을 떠받쳐 밥을 먹게 해주는 틀니가 꽃받침이며 부처님이 깔고 앉은 연화 방석이 꽃받침이다. 우리가 마음대로 훼손하고 있는 자연도 인간을 받쳐주고 있는 것이 아닐까. 그렇다면 우리는 스스로를 허물어뜨리고 있는 것이다. 꽃받침 없는 삶이란 상상조차 할 수 없다. 꽃망울 잘 터뜨릴 수 있도록 든든히 받쳐준 덕에 탈 없이 세상도 유지되는 것이다.

이렇게 든든한 꽃받침을 가진 꽃도 있는가 하면 아예 꽃받침이 없는 것도 있다. 세상살이로 치자면 제대로 갖추어진 가정에서 부모의 보호 아래 커가는 아이들과 누구의 보살핌도 받지 못하는 고아쯤에나 비견될까.

튼실한 꽃받침은 묵직한 열매를 예고하지만 열매를 상상할 수 없는 작은 꽃받침도 있다. 뒤에서 부모가 든든하게 지켜주는 아이들이야 능력만큼 꽃을 피우고 열매도 맺으면 그만이다. 그런데 꽃받침이 없는 꽃들은 무엇에 기대어 꽃을 피울까. 개망초 꽃받침 하나를 뜯어내어 본다. 기대고 섰던 가족이 와해되듯 꽃잎이 하나하나 하릴없이 흩어져 버린다.

꽃받침이 없는 이들의 삶은 얼마나 불안할 것인가. 홀로 사는 사람처럼 기댈 곳 없는 홀꽃은 떨어질 듯 아슬아슬해 보는 사람을 긴장하게 한다. 하지만 괜찮으리라. 어쩌면 뒷받침해줄 이 없으니 더 악착스럽게 열매를 만들 것이다. 금방이라도 바람만 불면 떨어질 것 같은 벼꽃은 보기에는 위태롭지만 벼를 만들고 우리 생명을 잇게 하지 않는가. 홀꽃이 열매를 맺고 여물게 키워가는 것을 보면 대견하다.

나에게도 홀꽃 같은 친구가 있다. 부모 없는 그녀는 어릴 적부터 남의 집에 기거하며 아이도 봐주고 부엌일도 거들면서 초등학교에 다녔다. 늦은 나이에 입학해서인지 그녀는 학교에 가는 날보다 빠지는 날이 더 많았지만 금방 다른 친구들을 앞질렀다.

내 기억 속 그 친구는 덩치도 커서 남자아이들을 제압할 만큼 투박스러웠고 씩씩했다. 그랬던 그녀가 달라졌다. 그렇게 커 보이던 키도 또래들과 비슷하고 눈매가 고운 중년의 우아한 여인이 되어 40여 년 만에 나타났다. 그 모습은 그간 삶의 이력을 대변하고 있었다.

"숙영아, 오늘 동창회에는 너를 만나기 위해 왔어. 옛날에 내가 너무 아파 학교도 못 가고 혼자 끙끙대고 누워 있을 때 네가 와서 내 손을 잡아준 것 기억나니? 그때 눈물 날 만큼 따뜻했던 너의 손을 잡아 보고 싶었어."

"그랬었나?"

어렸던 내가 무엇을 얼마나 잘해 주었을까마는 그녀를 생각하면 가슴 언저리가 저렸던 것 같기도 하다. 내가 행한 작은 일이 꽃받침 없는 그녀에게 위로가 되었다면 그보다 더 다행한 일이 어디 있겠는가.

이제는 그녀 자신이 튼튼한 꽃받침이 되었다. 그 친구가 받치고 있는 아들딸은 남들이 부러워할 만큼 잘 자랐다. 그만큼 했으면 충분하건만 아직도 일을 놓지 못한다고 한다.

"우리 아들 의사 되는 것만 보면 내 역할도 끝나고 편해지겠지."

꽃받침 역할 완수를 눈앞에 두고 있는 그녀가 어느 꽃송이보다 더 아름답게 보인다. 그녀는 역할이 끝나더라도 초록별꽃으로 남아 있을 것임을 아는 까닭에 등을 토닥여주며 고생했노라 위로해주고 싶었다. 부모가 있다는 것이 얼마나 좋은 일인가. 부모라는 꽃받침 위에 가족이라는 꽃잎이 완성된다.

누군가의 꽃받침이 되기 위해 애쓰는 것만큼 가치 있는 일이 있을까. 나도 든든한 꽃받침이고 싶다.

다림질

　남편의 구겨진 셔츠를 다린다. 앞섶을 다리고 보면 등판이 구겨져 있고 소매 끝을 다리고 나면 어깨선이 이상하다.
　나는 단순한 다림질조차 귀찮다. 한데 어머니는 삼을 심는 일로 시작해 길쌈을 하고 베를 짜 물을 들이고 옷을 짓고 다림질까지 깨끗하게 해서 식구들에게 입혔다.
　목면이나 모시, 삼베로 만든 옷들은 씻고 다리는 것만으로 끝나지 않는다. 풀을 먹이고, 널어 말리다가 촉촉할 때 반듯하게 개켜 밟고 두드리고 다리는 여러 과정들을 거쳐야 한다. 그 주름 선에 손이라도 베일 듯이 옷을 손질했다. 농사일로 바쁜 틈틈이 옷가지들을 손보면서 한 번도 귀찮은 내색 없이 정성을 들였다.
　저녁을 먹고 나면 어머니는 벌겋게 달구어진 다리미를 곁에다 놓고 손질할 옷가지들도 차곡차곡 쌓아두고 한 바가지 물을 입에다 머금고 내뿜

단디 해라이~

었다. 물 알갱이들이 분무기에서 나오는 것처럼 고운 입자로 흩어지는 것은 신기에 가까웠다. 다리기 좋게 옷의 모든 부분을 사각으로 만들었다. 내 손이 필요할 때는 팽팽하게 잡아당겨야 할 때이다. 양쪽 귀퉁이를 잡고 당기노라면 긴장감이 몰려온다. 행여 균형을 잃고 한쪽이라도 놓치면 다리미 위의 숯이 쏟아질 수도 있기 때문이다. 나는 양손으로 한쪽씩 잡아당기고 어머니는 한 손에 다리미를 잡고 남은 손과 발은 옷 귀를 잡아당겼다. 구깃구깃하던 옷이 다리미가 지나가면 신작로처럼 반듯하게 다려졌고 동정이나 깃같이 좁은 곳은 질화로에 꽂힌 인두가 지나가며 세심하게 주름을 폈다. 다림질하는 것을 보는 것만으로도 재미있었다.

아마 오 학년쯤이었을 것이다. 그 쉽고 재미있을 것 같은 다림질을 내가 하겠다며 떼를 썼다. 어머니는 위험한 다리미를 웬일인지 쉽게 맡겼다. 얼마의 힘이 들어야 골고루 다려지는지는 몰랐다. 다리미를 잡은 손이 덜덜 떨렸다. 똑같이 한다 싶었는데 한쪽은 반듯하게 한쪽은 누룽지처럼 누렇고 뻣뻣하게 변해 버렸다. 아버지의 결 고운 모시 웃옷 하나를 순식간에 망쳐 놓았다.

다림질은 불의 온도도 알맞아야 하고 옷감을 잡아당기는 손의 힘도 적당히 들어가야 한다. 목면같이 뜨거운 불로 세게 오랫동안 눌러주어도 괜찮은 것이 있는가 하면 나일론이나 실크같이 낮은 온도로 슬쩍 지나가야 하는 것도 있다.

천의 종류에 따라 다리는 방법이 다르듯이 사람 사는 것도 가지가지이다. 습기 알맞게 머금어 잘 다려지는 옷감처럼 적당한 애정과 물질이 주어져 쉽게 뜻하는 것을 이루는 인생도 있고, 말라비틀어질 때까지 손길

한 번 미치지 않아 아무리 센 불로 다려도 구김살 펴지지 않은 인생도 있다. 꼭 내가 돌보는 결손가정의 아이들 같다. 한 아이의 등을 두드려 주고 나면 다른 아이의 입이 삐죽 나와 있고, 또 한 아이를 달래고 나면 다른 곳에서 울음보가 터진다.

아직은 물기 배인 아이들이다. 온기를 받아들이고 어떤 곳에서 누구와도 잘 어울리는 반듯한 삶을 살았으면 좋겠다. 그런 아이들에게 나도 조금이나마 힘을 보태고 싶다. 적당한 온도의 불기 머금은 다리미가 되어 구겨진 삶을 다려주고 싶다.

대여섯 나이에 부모의 이혼과 가출로 인해 세상을 향해 접혀버린 S의 마음과 누리집에 산다는 이유로 친구들에게 따돌림당하는 사춘기 소녀 D의 구겨진 자존심을 다려주고 싶다. 부모의 관심 밖으로 밀려나 있는 그들에게 따뜻한 숯불 기운을 불어넣어주고 싶다. 뻣뻣하게 말라버린 거친 삼베 같은 삶이지만 물을 뿜고 정성을 들인다면 구겨진 삶도 펴지리라. 얼어붙은 그들의 마음을 녹일 수 있다면 나는 기꺼이 뜨거운 숯불을 안은 다리미가 되어 줄 것이다. 넓어서 다리기 좋은 등판뿐만 아니라 앞섶이나 어깨나 겨드랑이 아래까지 구석구석 살펴서 다려주고 싶다.

단디 해라이~

옹기 항아리처럼

사방이 산으로 둘러싸인 곳, 숨구멍처럼 세상으로 향하는 유일한 길 하나 열려 있어 항아리 같은 동네다. 얼레빗 모양의 천수답에 모를 심을 땐 무논의 개구리 합창과 솔숲의 뻐꾸기 반주를 함께 들을 수 있는 곳, 이곳에 나의 시댁이 터를 잡고 있다.

나는 시댁에 갈 때면 습관처럼 동네를 한 바퀴 돌아본다. 항아리 밑바닥처럼 깊숙한 안담(동네 이름)에는 20여 호의 씨족들이 마을을 이루고 있다. 그곳에는 장독대의 옹기 항아리처럼 옹기종기 모여 순박하게 살던 사람들이 하나둘 외지로 떠나고 폐허로 남은 집이 여럿이다. 빈집에는 문짝이 떨어져 나가고 마당에는 잡풀들이 생겨 흉물스럽다. 혹시 집지킴이 구렁이라도 있지 않을까 조바심 내며 들어간다. 빈집에 들어서면 내 눈은 자연스레 장독대에 머문다.

한때는 안주인의 손길이 가장 많이 머물렀을 장독대는 안주인의 살림

솜씨와 성품까지 가늠하게 했던 곳이다. 도시로 떠나면서 버려지고 깨어진 항아리들은 무심한 듯 풀숲에 처박혀 하늘빛을 가슴에 담고 있다.

옹기 항아리는 모든 것을 수용한다. 고추장을 담으면 고추장 항아리가 되고 간장을 담으면 간장 항아리가 된다. 물을 길어먹던 시절에는 새벽의 청정한 우물물을 길어와 항아리 속에 부어두었다가 미세한 잡티마저 가라앉고 나면 먹었다. 그 정화된 물맛이 요즘의 정수기에서 쏟아져 나오는 물에 비하랴. 소금을 담으면 소금 거적이 되어 닷새장서 사온 갈치며 계란 등을 파묻어 벌레의 근접을 막았으며 쉬 상하는 것도 막았다. 김치는 그 속에서 익을 때라야만 깊은 맛을 가질 수 있으며 젓갈은 또 그 안에서만이 심오하게 익어간다. 이런 것들 모두가 자연의 일부로서 호흡하는 항아리만 가지고 있는 특권이 아닐까.

콩이며 수수며 봉지 봉지 담아 넣는 창고 역할도 했다. 땅 깊숙이 묻혀서 사람들의 배설물을 삭혔다가 거름으로 내어놓는 일조차 스스럼없었다.

홍매화 한 가지 꺾어 아무렇게나 척 던져 놓으면 영락없이 어울리는 화병이 되기도 한다. 어릴 때 나는 항아리 입구에 머리를 박고 말을 하기도 했다. 신기하게도 웅얼웅얼 내 말을 받아주는 친구 역할도 해 주었던 것이다. 내가 신이 나서 소리를 지르면 덩달아 밝은 소리로 기뻐해 주고 내가 힘없이 중얼거리면 그는 조용히 듣고만 있었다.

백자처럼, 유연하고 한 점 티끌도 허용치 않을 것 같은 눈부시게 흰 몸매도 아니다. 거무죽죽한 것이 도통 양반 행세는 못할 것 같다. 한쪽이 움푹 들어가서 균형이 맞지 않는 것들에서부터 완만한 곡선으로 제법 귀티

단디 해라이~

가 나는 것들이 어울려 그들만의 세상을 만들어 놓았다. 사람의 손길에 의해서 만들어졌으면서도 인공적인 냄새는 풍기지 않는다. 자연스레 자연에 동화되어 모자라지도 넘치지도 않는 풍경화의 한 귀퉁이가 되었다.

옹기 항아리는 햇살에 그을린 농부들의 심상을 닮았으리라. 완만하고 소탈한 곡선이 그것을 말해 주고 있다. 더러는 울퉁불퉁 거친 면도 보이나 솔직 담백함을 있는 그대로 보여주는 것 같아 더 정감이 간다. 화려하지만 속을 절대로 보이지 않으려는 청자보다야 누구나 옆에 앉아 친구가 될 수 있는 항아리가 훨씬 다정하지 않은가.

옹기 항아리는 청자나 백자처럼 안방 윗목 자리를 내어달라고 하지도 않는다. 유리병처럼 자기 속을 훤히 드러내어 조금만 사람의 손길이 미치지 않으면 티를 내고 앵돌아지는 유치한 짓도 하지 않는다. 마냥 주인의 명령만 기다리는 하인처럼 한쪽 구석에 조용히 앉아 인내하고 있다. 모난 구석도 없고 뾰족하게 날을 세우는 일도 없다.

하늘을 향해 커다란 입 한 번 벌리고 씩 웃고 나면 세월 가도 자기 스스로 변하는 일은 없을 것 같다. 김치냉장고에 반해 자신을 팽개쳐 버린 주인을 원망하는 일도 없다. 무심히 풀숲에 몸 숨겼다가 본래 모습인 흙으로 돌아가는 것이 운명이려니 하고 만다.

반질반질 윤나게 닦아주는 주인에게 보답하려는 듯 머리에 붉은 고추 널어 말리기도 하고 고추잠자리 하늘 날다 지치면 쉬어가게도 한다. 아들 딸 무사하게 해 달라고 정화수 그릇 얹어 놓던 곳도 장독대 아니던가.

쇠망치로 두드려 부수지만 않으면 아무리 뜨거운 햇볕과 비바람에도 색깔 하나 변하지 않는 것이 항아리다. 천도가 넘는 불에서도 견디어 낸 항아리가 아닌가. 투박하면서도 맑게 튀는 소리는 인고의 세월을 견뎌낸 영혼의 울림이다.

이제는 누구 하나 거들떠보지 않는 시커먼 항아리 하나를 들여다본다. 벌써 실금이 가 철사로 테를 둘러서 사용했다. 큰 배가 바다를 가르고 지나가도 흔적이 남지 않지만 작은 실금 하나 그어져 버리면 되돌릴 수 없는 자존심을 가진 항아리다.

쓰임새를 꼭 알아내야만 하는 게 숙제인 양 골몰하다가 분갈이가 늦은 내 집의 관음죽을 생각해 냈다. 곧고 기품 있는 관음죽이 뿌리내릴 수 있는 안성맞춤인 항아리가 아닌가.

모난 곳 없고 질박 순후한 옹기 항아리 같은 성품은 될 수 없을까. 소박한 삶일지라도 자연을 거스르지 않고 화를 다스릴 수 있는 청정작용은 내 안에서는 일어날 수가 없는 것일까. 죽는 날까지 이 세상에서 소용되는 사람은 될 수 없을까. 항아리처럼.

선인장 가시에 찔리다

가시는 내 몸에 박혔을 때야 비로소 그 존재를 알게 된다. 설령 그것이 굳은살 박인 발뒤꿈치의 미세한 솜털가시라도 말이다.

친구들과 제주도 여행 중에 자생 선인장 군락지를 지나게 되었다. 구멍 숭숭하고 시커먼 현무암 돌무더기 위에 신기하게도 허리춤에까지 닿을 듯한 백년초가 초원을 이루며 자라고 있었다.

유년시절 화단 한쪽 구석에 돌보는 이 없어 반쯤 누운 채로 커가던 백년초가 있었다. 상비약으로 뚝뚝 잘라 쓰던 손바닥만 한 백년초를 오래 보아왔지만 꽃이나 열매는 맺지 않았다.

엉거주춤하게 엉덩이를 디밀어 사진을 찍고 일어서다 반질반질해 보이는 자주색 열매 하나를 땄다. 백년 만에 열린다는 탐스런 열매를 맛보겠다는 단순한 생각뿐이었다. 신비의 과일을 훔친 벌을 받는 것인지 맛을 느끼기도 전에 전신이 따끔거린다. 실눈을 만들어 가렵고 아픈 부위를 긁어대며 들여다봐도 보이는 것은 없는데 쓰다듬으면 걸리는 것이 있다. 자꾸 신경이 쏠리고 손이 간다. 자주색의 열매를 자세히 살펴보니 하얀 잔가시를 곳곳에 숨기고 있었다. 가시라기보다는 부드러운 솜털 같아 알아차리지 못했던 것이다. 저물녘 숙소에서 비누를 듬뿍 묻혀 살갗이 벌겋도록 씻어낸 다음에야 팔과 손목은 조금 진정이 되었다. 하지만 엄지에 깊이 박혀버린 가시는 쉽게 물러설 기세가 아니다.

며칠이 지나도 작은 가시는 나를 놀리듯이 수시로 찔러댔다. 바늘 끝으로 파헤쳐 보기도 하고 손톱 깎기로 무작정 피부를 잘라 보기도 했다. 빠진 것 같았는데 돌아서면 또 찌른다. 엄지가 가혹하게 시달리고 있다. 마치 눈에 보이지 않는 말 한마디가 잊히지 않고 가슴속 깊이 박혀 세월이 지나도 문득문득 아려오는 것처럼.

말은 뱉어버리면 바로 사라지기 때문에 흔적을 남기지 않을 것 같지만 오래도록 남는 얼룩이다. 때로는 선인장 열매에 붙은 부드러운 솜털로 위장을 하고 사람을 괴롭힌다. 말로 입은 상처는 오래간다. 가까운 사람일수록 더 크게 상처 입고 쉽게 잊히지 않는다.

나는 한때 실명 위기에 처한 적이 있다. 가까운 사람의 말 가시에 찔린 상처 때문이라는 진단을 받았다. 그 상처가 너무 깊은데 차곡차곡 가슴에 담아두어 내 신체 중 가장 약한 눈으로 그 아픔이 나타난 것이라고 했다.

그렇게 쌓이는 스트레스가 나뿐만 아니라 아이들까지 해치고 있었다. 나도 모르는 사이에 아이들에게 고스란히 전달되었던 것 같다. 아이의 마음 따윈 생각할 겨를이 없었다. 큰아이에게 더 심하게 대했다. 단순한 수학문제를 풀다가도 다소 느려 어물거리는 형보다 동생이 먼저 대답을 하면 내 이성은 비등점을 넘어섰다. 대여섯 살밖에 안 된 아들의 가슴에 사금파리를 밀어 넣는 말을 서슴지 않았다. 그것이 아이를 얼마나 아프게 찔러대는, 보이지 않는 가시였는지 생각해 볼 겨를이 없었다. 큰아들은 차츰 말을 잃어 가는 듯했다. 어떤 일에도 자신감을 갖지 못했다. 내 말에 길들여지는 상처를 들여다볼 생각을 하지 않았다.

아이가 초등 2학년 때였다. 존재감마저 희미하고 소심한 우리 아이 혼자 전 과목 백점을 받았다며 선생님께서 특별히 격려를 부탁하는 전화를 하셨다. 날갯죽지 꺾인 새처럼 구석자리만 찾아들던 아들이 걱정되어 전화를 했다고 한다. 학교에서도 주의 깊게 살피고 있는 아이를 엄마인 나만 모르고 있었다.

가끔씩 넋 놓고 멍하니 앉아 있던 아들 얼굴이 떠올랐다. 정신이 번쩍 들면서 내 마음이 급해졌다. 허둥거리며 내가 할 수 있는 일을 찾았다. 늦은 듯했지만 마음에 박힌 가시는 빼 주어야 제대로 자랄 수 있을 것 같았다.

선인장은 스스로를 보호하기 위해 가시를 달고 있지만 상처나 화상에 치유능력이 뛰어나 많이 애용되는 약이기도 했다. 우리 몸에 상처가 나거나 불에 데기라도 하면 손바닥만 한 선인장 한 잎 뚝 잘라다가 가시를 떼어내고 얇게 포를 떠서 붙여주면 쉽게 나아버리지 않던가. 화단 한구석에서 꽃도 피우지 못해 볼품없던 백년초가 뽑혀 나가지 않고 생명을 유지할 수 있었던 것은 그런 탁월한 치유능력 때문이었으리라.

나는 선인장이었다. 내가 살기 위해 내 아이에게 상처를 주었지만 아물게 하는 것 또한 내가 할 일이었다.

아들을 위해 나는 바보가 되기로 했다. 아이와 함께 있을 때 누구라도 만나면 의도적으로 큰아들 자랑을 해댔다. 장군처럼 씩씩해지기를 염원하며 별명까지 지어 불렀다.

"우리 장군 잘생겼지요? 공부도 잘해요."

부끄러운 줄도 모르고 그렇게 하고 다니니 아이도 조금 달라지는 듯했다. 하지만 성격 형성 시기에 상실해버린 자신감은 쉽게 회복되지 않았다. 녀석은 무엇을 하든 동생은 되지만 자기는 안 된다고 했다. 어른이라면 쉽게 뽑을 수 있는 가시였겠지만 아이에게는 너무 깊은 상처였으리라.

제주도에서 박힌 보이지 않던 가시는 내가 파헤치고 잘라낸 상처 속에 오래 머물더니 어느 날 슬그머니 사라져 버렸다. 강산이 두 번이나 변하도록 칭찬을 하며 말에 공을 들인 우리 아들의 상처도 이제는 아물어 가는 것을 체감한다.

나도 모르게 내뱉은 말 가시들을 뽑아내는데 20여 년의 세월이 걸렸다. 가시를 뽑아낸 자리에 굳은살이 생기듯 아들의 마음도 단단하게 여물어 가리라 믿어본다.

단디 해라이~

장 담그는 날

　나이 쉰이 넘도록 장을 담아 보지 않았다. 시어머님이 담아 둔 장을 덜어다 반찬의 간을 맞추고 살았다. 때를 맞추어 배워두려 했으나 쉽지 않았다. 시어머니는 장 담그는 날을 특별한 날로 여겼다. 말날에다 손 없는 날을 잡아야 하는 등 까다롭기 그지없었다.
　시어머니 장맛에 길들여진 내가 이번에는 장을 담글 수밖에 없는 일이 생겼다. 꼿꼿하던 시어머님이 느닷없이 암 선고를 받고 급하게 서울까지 가서 항암치료를 받게 된 것이다. 어머니를 태운 차가 동네 어귀를 빠져나간 다음에야 나는 장뿐만 아니라 많은 것을 의지하고 살았다는 것을 깨달았다. 한바탕 강풍이 휩쓸고 간 듯 어수선한 집안에 들어서니 막막하기만 했다.
　경황없는 중에도 시간은 흘렀다. 두어 달이 지나고 삼짇날이 다가오고 있었다. 병원에 누워서도 장 담을 일이 걱정되셨는지 전화를 했다.

"올해는 네가 장을 좀 담아 보거라. 메주는 아래채 처마 밑에 달려 있으니 알아서 해라." 하셨다. 덜컥 대답부터 하고 나니 잠이 오지 않았다. 맞닥뜨리면 해내겠지만 용기가 필요했다. 한 해 먹거리의 기본을 장만하는 일이 아닌가. 그날부터 나는 인터넷을 뒤지고 달력에 표시된 십이 간지를 살펴 날을 잡고 흉내라도 내 보겠다며 야단법석을 떨었다.

일요일이 되자 컴퓨터에서 뽑은 장 담그기 순서가 적힌 종이와 날계란 하나를 챙겨서 시골에 내려갔다. 남편으로도 부족해 옆집의 당숙모님까지 불러다 놓고 거사를 진행하듯 조심스럽게 손을 움직였다.

두어 말의 물이 들어갈 배불뚝이 항아리를 씻어 햇볕에 말려두고 물에다 준비해간 계란을 띄워 오백 원짜리 동전크기의 면적이 남을 때까지 소금을 풀 차례였다. 내가 조심스레 찔끔찔끔 소금을 넣으니 답답했던지 당숙모는 바가지로 푹 퍼 넣으며 손수 해 주시겠다고 했지만 또 기댈 수는 없었다. 소금 불순물이 가라앉는 동안 사랑채 처마 밑에 주렁주렁 매달린 메주를 한 덩이씩 걷어 내렸다. 겨울 시린 바람에 튼 것처럼 쩍쩍 갈라진 메주 틈바구니에 곰팡이와 지푸라기가 깊이 박혀 있었다. 곰팡이를 솔로 박박 문질러 씻었다. 한 덩어리씩 씻을 때마다 푸르딩딩한 멍 자국은 조금씩 지워져 깨끗해졌다.

항아리 안에 짚을 넣고 성냥을 그어 넣으니 캄캄한 절망 같은 어둠 속에서 잠시지만 불꽃이 화르르 일었다. 잡냄새 품은 재를 닦아 내고 메주를 항아리에 차곡차곡 넣었다. 그 위에 소금물을 부으니 묵직하던 메주덩이들이 불쑥불쑥 떠올라 맘대로 움직였다. 힘이 세상을 다 지배하는 것은 아닌 모양이다. 남편이 대나무를 쪼개 만든 누름 대를 가로세로로 밀어 넣어 이리저리 떠다니는 메주를 눌러 앉혔다. 소금물 속에서 공기와의 접촉을 피하고 얌전히 잠겨 있어야 제대로 맛이 우러날 것이다.

마른 고추와 숯 몇 개를 띄우는 것으로 장 담그기는 끝이 났다. 남의 지식을 빌려 하는 일인지라 제대로 됐는지 모르겠지만 후련했다. 가끔 햇볕 좋은 날 장독 뚜껑을 열어두고 햇살을 머금게 하고 숙성의 시간이 지나 발효되기만 기다리면 된다.

콩을 심는 일부터 끓여서 메주를 만들고 띄우고 소금의 쓴맛을 빼놓는 등 오랫동안 공들여야 하는 것들은 어머니가 다 해 놓은 터이다. 나는 소금물만 부은 것밖에 없는데도 뚜껑을 닫고 반질반질하게 장독대를 닦으니 진정한 종부가 된 것 같아 뿌듯했다.

장은 소금과 메주만으로 되지 않는다. 신선한 공기며 햇살, 그리고 넉넉한 시간이 필요하다. 짜디짠 소금물을 구석구석 받아들인 메주가 구수하고 달콤한 자신이 가진 맛도 풀어놓아야만 중화가 되어 비로소 맛있는 간장 된장이 되는 것이다. 낮에는 햇볕을 받고 밤에는 별빛을 받아들이는 시간들이 고여 누르스름한 황토 빛으로 우리 곁에 설 것이다. 한 가지로 표현되기 어려운 그 색깔은 아마도 오랜 시간 고난을 견뎌낸 인내의 색이거나 화합의 색이 아닐까 싶다. 전통을 고수하는 시어머니와 신세대 감각의 며느리가 세대 차이를 극복하는 과정이 이렇지 않을까 한다.

전통음식을 연구하는 사람의 말에 의하면 된장 하나에 오덕이 있다고 한다. 어떤 맛과 섞여도 제 맛을 유지하는 단심丹心, 오래둬도 상하지 않는 항심恒心, 비리고 기름진 냄새를 제거하는 불심佛心, 매운맛을 부드럽게 하는 선심善心, 어떤 음식과도 조화를 이루는 화심和心이 있다는 것이다.

  음식의 근간이 장맛이듯이 사람됨의 근본은 성품일 것이다. 실없는 소리를 잘하는 사람을 싱겁다 하고 알뜰히 아끼는 사람을 짜다며 장맛에 비유하는 것도 그 때문일 것이다.

  나는 사람의 성품을 장에서처럼 오덕으로 나누어 본다. 어떤 누구와도 잘 어울리는 화심和心, 오래 사귀어도 변하지 않는 항심恒心, 궂은일에 앞장서는 선심善心, 어떤 상황에서도 소신을 지키는 단심丹心, 같이 있으면 불온한 마음이 달아나고 믿음직스러운 불심佛心이 그것이다.

  짠맛 단맛 고소한 맛이 배어들고 어우러져 깊은 맛을 내는 오덕을 갖춘 사람이 좋다. 메주가 캄캄한 소금물 속에 잠겨 오덕을 얻듯 나도 몇 가지나마 덕을 갖추기 위해 내면에 침잠해 봐야 하지 않을까 싶다.

보청기 속 세상

어머니의 보청기는 쉼표를 닮았다. 생김새도 그렇거니와, 쉼 없이 달려온 인생길에, 끊임없이 들어준 세상의 소리에 잠시 멍든 귀가 닫힐 즈음 다시 소리를 들을 수 있게 하라는 듯 다가왔다.

보청기를 맞추고 온 어머니의 얼굴은 안개가 걷히면서 햇살에 반짝이는 강의 물비늘처럼 반짝였다. 들을 수 있다는 기대에 들떠 있었다. 그러나 선명하게 돌려줄 듯하다가 다가서면 물러서는 안개처럼 보청기는 온전한 소리를 들려줄 듯하다가 한 발 물러서 버렸다. 청력이 조금이나마 남아 있어야 한다는데 너무 늦어 마침표를 찍어버린 것이 아닌가 싶다. 말 그대로 보청기는 청력을 보강하기 위한 것에 불과했던 것이다.

제일 좋은 보청기라는데 들려야 할 말은 들리지 않고 소음만 구겨 넣고 있었다. 쉼표 닮은 기계가 세상의 소리들을 막고 있다. 아니 세상의 소리들을 다 끌어 모아 한꺼번에 귓속으로 밀어 넣는 듯하다. 위~잉 소리와 함께 기대도 희망도 빨려 들어가 버리고 말았다. 한 가닥 한 가닥 구분지어 들을 수 있을 때에야 온전한 말이지 모든 소리들을 끌어모으니 소음 중에서도 그처럼 시끄러운 소리가 없다. 마치 빨강, 노랑, 파랑을 한꺼번에 섞으면 검은색이 되는 것처럼 말이다.

어머니 귀에 흘러 들어간 소리들은 검은빛을 띠지 않았을까 라는 생각이 문득 든다. 밝고 맑은 소리보다는 무채색의 소리, 좀 더 듣고 싶은 말보다는 귀를 막고 싶은 소리가 더 많았을 것 같다.

어린 시절에는 아들을 낳지 못한다는 이유로 시앗을 수발해야만 했던 외할머니의 숨죽인 울음소리를 들어야 했고, 결혼해서는 피난길에 업고 걸린 어린 자식들의 숨넘어가던 소리도 들어야 했다. 둑이 터져 벼꽃 아른거리는 논으로 쿨렁쿨렁 황톳물 밀려 들어가던 소리, 할아버지의 껙껙대던 해소기침 소리, 소리 소리들에 질려버린 것일까.

세상의 소리들에 문을 걸어 잠그고 싶었을까. 실금 그어진 물독에 물 새 듯 조금씩 청력이 갔을 것인데도 내색을 하지 않았다. 판단력 빠르고 정확한 어머니가 동문서답을 할 때에야 우리는 말이 귓바퀴에서 길을 잃어버린다는 것을 알았다.

어머니는 들리지도 않는 보청기를 끼고 앉아 있다. 자식들이 해 준 것이라 끼고 있는 것만으로 좋다며 빼내 버릴 생각이 없다.

어머니는 세상 속의 정물화가 되어 버렸다. 우리가 옆에서 떠들고 웃어도 이유를 모르니 웃을 수도 없다. 고함을 지르거나 행동으로 보이지 않으면 알아들을 수가 없어 물끄러미 바라만 보다가 함께 미소를 짓는다. 염화시중의 미소가 이런 것일까. 세상의 소리들로부터 격리되어서야 비

단디 해라이~

로소 평화를 찾은 건 아닐까 생각되기까지 한다.

어느 해 설을 쇠고 밀려드는 차들을 피하느라 늦게 출발해 밤이 이슥해서야 어머니 집에 당도했다. 혼자 사는 어머니가 밤에는 문까지 걸어 잠그고 고요 속에 잠긴다는 걸 미처 생각지 못했던 것이다. 전화를 해도 문을 두드려도 잠겨버린 청력처럼 열릴 줄 몰랐다. 그 늦은 시간에 자식이 찾아오리라 생각을 하지 않았던 것이다. 다행히 가까이 언니가 살고 있어 열쇠를 받아 들어가니 화들짝 놀라 일어나서 눈물을 왈칵 쏟아 내었다. 기다리던 자식들이 와도 모르고 잠만 자는 자신이 한심하다며 가슴을 쳐대더니 이내 마음을 바꾼다.

"그래도 안 보이는 것보다야 낫지 않나. 내 새끼 얼굴 볼 수도 있고."

체념이 때로는 가장 값진 위안이 될 수 있다는 것을 깨닫는다. 엄마의 말 한마디에 우리 가족 모두가 안도의 숨을 내쉴 수 있었다.

사람의 귀가 둘이고 입이 하나인 것은 말하는 것보다 듣는 것을 두 배로 해야 하기 때문이라고 탈무드에서는 말한다. 다른 사람의 말에 귀 기울여 들어주라는 뜻일 게다. 말을 잘 들어주는 것이야말로 상대의 마음을 얻는 최선의 지혜이다.

그러나 험한 굴곡의 생을 건너 미수를 눈앞에 둔 어머니는 이렇게 말한다. 남이 하는 험담은 한쪽 귀로 듣고 한쪽 귀로 흘려버리라고 귀가 둘이란다. 그래야 내 맘이 편해진다고. 한 귀로 듣고 입으로 쪼고 있으면 결국엔 분란이 일어나게 된다는 것이다. 참고 살면서 나름대로 터득한 진리의 말씀이다. 양쪽 귀가 다 멀어버린 어머니는 험담 들을 일 없어 좋겠다는 나의 핀잔에도 말이 없다.

나도 나이가 들면서 마음으로 듣는 귀는 어두워지고 고집만 늘어난다는 말을 가끔씩 남편에게 들을 때가 있다. 바깥에서 들어오는 소리가 차단되면 내면의 소리에 귀를 기울이게 될까.

고요한 호수일 것 같은 어머니의 마음속이 궁금하다.

좁은 문

 손톱만큼 벌어진 유리문 틈새로 들어오려는 바람 소리가 거칠다. 흡사 귀신 울음소리를 내는 것이 문만 열면 달려들 태세다. 살려달라고 애원하는 절박한 소리 같기도 하다.
 그 좁은 문을 통과하려고 얼마나 애를 써대는지 온 집안이 바람 소리로 가득 찼다. 그렇게 악을 써 대는 바람의 심정을 조금은 알 듯도 하다. 바람이 한꺼번에 좁은 문을 통과하려다 보니 그런 소리가 난다.
 문득 수능을 앞둔 학생들을 보는 것 같다.
 다행히 지난해를 끝으로 내 아이들은 대학입시에서 벗어났다. 아이들은 좁은 문을 통과했으니 자유롭게 넓은 세상을 마음대로 유영하는 바람이 될 수 있을까. 문만 통과하면 비명 소리 내지르지 않고 웃으며 살 수 있는 여유를 가질 것 같지만 머잖아 더 많은 좁은 문을 거쳐야 한다는 것을 실감할 것이다.

몇 년 전 큰아들이 시험을 치르던 날, 나는 조바심이 일어 집에 있지 못하고 평소에는 잘 가지 않던 절을 찾았다. 까마득한 절벽에 아슬하게 걸려 한 발자국만 헛디뎌도 바다에 곤두박질칠 것만 같은 진퇴양난인 그곳에서 오히려 가슴이 툭 트이는 해방감을 맛보았다. 수많은 수험생 어머니들이 절을 하는 것을 보고 있자니 갑자기 눈물이 쏟아졌다. 내 마음 편하자고 부처님께 오늘 하루 간절히 기도드리는 가증스러움을 들킨 것 같은 부끄러움과 함께 아들에게 많은 정성을 쏟지 못한 미안함 때문이었다.

절집 마당에 땅거미가 내려앉고서야 집에 오니 시험을 치고 온 아이가 방에 누워 있었다. 시험을 망쳤다며 팔을 머리에 얹고 눈을 감고 누워 있는 아이를 보자 화가 치밀어 올랐다. 완벽하게 공부하지 못한 탓이라고 아들에게 고함을 지르고 싶은 순간 절에서 흘렸던 긴 참회의 눈물이 나를 제지했다.

저녁을 지어놓고 한참을 기다려도 아이는 일어날 줄을 모른다. 다시 들어가서 아들의 손을 살그머니 잡아보았다. 축축했다. 아들의 마음고생이 손을 통해 내 가슴에 전달되었다. 별스럽게 수험생활을 한 것도 아닌 듯하고 모의고사에서 실수를 하고 와도 집착하지 않고 다음에는 잘할 수 있다고 큰소리치던 아이인데 의외였다. 제 딴에는 낙담이 컸던 모양이다.

"그동안 우리 아들 고생 많았다. 시험 그까짓 거 긴 인생에서 별거 아니더라. 세상일이 자기 뜻대로만 되면 무슨 재미로 살겠냐. 일어나서 밥 먹자."

한참을 어르고 달래도 아들은 듣지 않고 그 긴 밤을 미동도 없이 그 자세로 보냈다. 꼭 무슨 일이 일어날 것 같아 이따금 아들 방을 들여다보느라 나도 뜬눈으로 밤을 새웠다.

　늦은 아침에 겨우 일어나 처음으로 빈 가방을 메고 학교에 갔다 온 아들의 얼굴이 조금 밝아 보였다. 학교에 가 보니 어제 방송과는 다르게 다들 어려웠다는 친구들의 평가에 위안을 받은 듯했다.

　간밤에 방송사에서는 시험을 먼저 치고 나오는 몇몇 학생들의 생각을 그대로 전국에다 외쳐대고 있었다. 화급을 다투는 일도 아니건만 서둘렀다. 수능이 쉬워서 평균성적이 많이 오를 것이란 한마디에 자신의 성적을 대강 짐작하는 아이들은 절망했다.

　다음 날 예상을 뒤엎고 점수가 많이 내려갔다는 정정 방송을 했지만 어제의 그 좌절감은 보상받을 길이 없었다. 이미 한 여린 목숨이 숨 막힐 듯 급물살을 타고 있는 이 세상을 하직한 뒤였다. 무엇이 그녀를 죽음이라는 막다른 골목으로 몰고 갔을까. 성급했던 미디어의 힘일까. 고학력만 요구하는 우리 사회의 현실일까, 기대치가 너무 높은 가족 때문일까. 그것도 아니면 자존심이 가만두지 않았는지 남은 사람들로서야 알 수가 없다. 그렇더라도 조금만 더 기다려 볼 일이지. 사는 것이 인내하는 것이라는데 그것을 깨닫기에는 이른 나이였을까.

　나는 새삼 삼년을 잘 참아준, 그것보다 어젯밤의 절망스러웠을 순간을 잘 견디어 낸 아들이 눈물겹도록 고마웠다. 학교에 다니는 동안 한 번도 힘들다는 내색을 하지 않아 고3 수험생의 엄마가 가지는 안쓰러움조차 나는 가져보지 않고 한 해를 보냈던 것이다.

　동이 트기도 전에 나가 한밤중이나 되어야 들어오는 아이들. 즐거워야 될 명절에도 한 뼘 독서실에 파묻혀서 공부를 해야 소원하는 좁은 문턱을 넘을 것 같은 조바심으로 가꾸어 가는 꿈은 무엇일까. 저 바람처럼 문지방만 넘으면 있는 듯 없는 듯 사라져 버릴 꿈을 꾸고 있는 것일까. 더 큰 문을 향해 펼쳐 나갈 야망을 다지고 있을까.

하던 일을 멈추고 문을 활짝 열어젖히니 그렇게 아우성치던 소리들이 잠잠하다.

바깥의 싸늘한 공기가 한꺼번에 밀려든다 해도 당분간은 문을 닫지 못할 것 같다. 자유롭게 넘나드는 바람이고 싶을 아이들이 생각나서이다.

단디 해라이~

휴가

환자복을 입고 수술대에 누웠다. 잔병치레는 자주 하지만 수술은 처음이라 더 긴장된다.

하찮은 맹장염 수술에 뭘 그리 겁을 먹느냐고 의사는 표정으로 말하고 있었다. 아무리 쉽게 생선 지느러미 다듬듯이 잘라 버릴 수 있는 맹장이라 해도 마취를 해야 하고, 잠깐이지만 무의식 속에 방치돼야 한다. 마취에서 영원히 깨어나지 못하는 사람도 있다지 않은가.

내가 할 일을 꼽아 보았다. 먼저 집안 정리를 해야 될 것 같았다. 옷장엔 옷이 정리되지 못한 채 그득하고, 빨래며 집안 구석구석에 켜켜이 쌓인 먼지도 좀 털어내야 한다. 아기 주먹만 한 열매를 달고 있는 석류나무는 내 손길을 애타게 기다리고 있을 텐데 물을 듬뿍 줘야 하겠고, 몸을 비비 꼬고 있을 난 잎에도 눈 맞춤을 해 줘야 한다.

며칠이지만 내가 없는 집에 누가 왔을 때 집안 청소도 안 하고 사는 형편없는 사람으로 보이긴 싫었다. 그래서 의사에게 집에 다녀오겠다며 떼를 썼다.

"내일이면 뛰어서 집에 갈 수 있도록 해 드릴 테니까 정리는 그때 하시고 보호자에게 전화나 하세요." 한다.

집안 정돈 따위는 생명에 비하면 대수롭지 않을 수도 있다. 내일이면 뛰어서 집에 갈 수 있도록 해 준다는 의사의 호언장담을 듣고도 내 눈에서는 눈물이 쉼 없이 흘러내렸다. 불안한 마음이 덮쳤다.

관 뚜껑을 덮어봐야 그 사람이 어떤 삶을 살았는지 알 수 있다고들 한다. 그렇지만 그땐 돌이킬 수가 없다. 리셋버튼처럼 간단하게 내 삶을 되돌려 놓을 수 있다면 그래서 잘못 산 부분은 삭제할 수 있다면 얼마나 좋을까. 행여나 자신을 한 번쯤 되돌아볼 기회가 있다면 그건 수술실에 들어갈 때가 아닌가 싶다.

다시 못 올지도 모르는 오늘이다. 그리운 사람들을 청해서 마지막 악수를 나누고 싶은데 급성이라 당장 수술을 해야 한다니 그럴 만한 여유도 허락되지 않았다.

병원이라는 것이 그런 곳인가 보다. 수술을 마치고 눈을 뜨니 그새 연락을 받고 득달같이 달려온 가족들과 이웃들이 나를 에워싸 내려다보고 있었다. 눈시울이 뜨거웠다. 내가 언제 남들에게 이렇게 따뜻한 마음을 준 적이 있었던가. 마음 졸이고 있던 그들에게 내가 보여 줄 수 있는 건 괜찮다는 의미의 찡그린 미소뿐이었다.

병 앞에선 모두가 한 없이 너그러워지고 사람다워진다. 육신에 때가 묻어간다면 마음은 오히려 씻기어 가는 것일까. 병이 들어서야 새삼 완전하

단디 해라이~

지 못한 인간임을 깨닫는다.

 병실에 빽빽이 들어선 환자의 침대 수만큼이나 다양하고 따뜻한 마음들이 거기에 있었다. 밤새 누군가가 앓아서 잠을 방해해도, 며칠씩 몸을 씻지 못해 퀴퀴한 냄새가 나도, 방문객들이 쉴 사이 없어 들락거려 성가시게 해도 참아 주었다. 동병상련 때문이리라.

 느닷없이 나타난 나를 그들은 예전부터 함께 살아왔던 한 식구처럼 대했다. 식사를 하고 나면 아픈 몸으로도 그릇을 치워주고 집에서 가져다 놓은 새콤한 묵은지를 밥맛없어 하는 내 숟가락 위에 얹어 주기도 했다.

 마주보고 누운 어느 환자는 그 와중에서도 여자는 가꾸어야 한다며 얼굴 팩을 얹어주기도 했다. 병자의 수척하고 푸석푸석한 얼굴이라도 정성껏 화장을 하고 있으면, 찾아오는 사람들의 근심도 한결 덜어질 거라며 마사지를 권했다. 교통사고로 몇 달씩 입원을 한 사람들에게는 먼저 퇴원했던 병실 친구들이 먹거리를 사들고 오기도 했다. 짧은 기간에 정이라도 든 탓일까.

 실로 오랜만에 누려 보는 여유 때문일까. 팍팍하게 짜인 일상에 늘 불안해했고 짜증스러워 했던 자신을 발견할 수 있었다. 모든 것을 일시 정지시켜 놓은 편안함에 가끔씩 병실에 누워 지내고 싶은 마음까지 들었다.

 나의 숨 가쁨을 알아차린 하늘이 내게 내린 특별 휴가라고 느껴졌다. 앞뒤 돌아볼 겨를도 없이 가속도를 붙여 달려온 세월이다. 그동안 남보다 앞서지 않으면 세상에서 도태될 것 같은 강박관념이 나를 짓누르고 있었나 보다.

 가장 살가워야 할 가족이 챙겨주지 않는 서운함, 내가 용해되지 못한 세상으로 향한 불신, 드러내지 못하는 부끄러운 마음들이 옹이로 박혀 내 몸을 망가뜨리고 있었던 것 같다. 떼어낸 맹장 속에 걸러지지 못한 찌꺼기들이 쌓여 있었나 보다. 이젠 그 주머니도 떼어내 버렸으니 홀가분해질 수 있을까. 오늘부터 단순해져 보려 한다. 무디어져 보려 한다. 가슴에 무리 지어 있는 욕심을 걷어내고, 날을 세우고 세상을 바라보던 시선을 접어야겠다.

톨스토이의 글 속에 '자기에게 진정 필요한 것이 무엇인가를 아는 지혜는 인간에게 허락되지 않았다' 하는 구절이 있었다. 내게 진정 필요한 것은 무엇일까. 신만 알고 있을 답을 진지하게 생각해 본 날들이었으니 특별 휴가임에 틀림없다.

창문 틈으로 올려다본 하늘이 유난히 맑다.

제 **2** 부

무 명 지 의
반   란

구두병원

'구두병원'이란 간판을 보고서야 깨달았다. 벌써 며칠째 시멘트 위나 아파트 현관을 나설 때면 유난히 덜거덕덜거덕 신음 소리를 내는 내 구두의 밑창을 갈아야 한다는 것을.

허름한 판자 조각 두 개를 어슷하게 붙여 '구두병원'이라고 아무렇게나 써 붙여놓은 간판을 보았다. 길 한쪽 풀숲에 비뚜름하게 누워 있는 그 간판에 그려져 있는 화살표를 따라 눈을 돌린다. 그것조차 없으면 아무도 그곳에 구두수선집이 있다는 것을 알지 못할 것이다. 학교 뒤 골목길 한 끝을 잡고 몸 하나 겨우 들어앉을 만한 수선집이 있다.

구두병원에서는 하나같이 작고 퀴퀴한 고무냄새가 났다. 그것은 어쩌면 가장 낮은 곳에서 육중한 사람의 온몸을 지탱시켜 주며 온갖 냄새와 먼지를 다 받아들인 구두가 주인공이어서 그럴지도 모른다.

거리를 할퀴는 겨울바람 속에서도 문을 활짝 열어놓고 구두를 매만지던 구두병원의 원장은 나를 흘끔 쳐다보았다. 그리고는 투박한 남자 슬리퍼 하나를 내어주고 다시 일에 매달린다. 구두약이 잔뜩 묻은 장갑을 끼고, 일어설 줄 모르는 그는 하반신에 온통 고무를 두르고 있다. 한 뼘 가게에 갇혀 하늘 한 번 쳐다보기도 힘들어 보였다. 구두와 구두병원과 주인이 삼위일체로 절묘한 조화를 이루었다. 남이 하기 싫은 일, 가장 낮고 힘든 생을 살고 있지만 불평 없이 순응하는 자세가 아닌가.

나는 그곳에서 구두의 휴식을 본다. 세상 구석구석 떠돌다 밑창이 해지고 굽이 닳고 닳아 도착한 곳, 온갖 사연들을 안고 있을 구두를 마주하고 앉은 아저씨는 행여 구두를 통해 세상을 보고 있는 것은 아닐까. 하반신을 쓰지 못하니 걸어서 갈 수 있는 곳이 없고, 걸을 일이 없으니 구두도 필요치 않을 것이다. 그런 아저씨께 세상구경 다하고 지쳐 늘어진 구두는 부러움의 대상일까, 위안의 대상일까.

구두는 어쩌면 조용히 속삭일지도 모른다.

'냄새 나는 발밑에서 하루 종일 짓눌리어 구경은 고사하고 숨도 편히 못 쉬었다오. 한 뼘 공간이지만 자유롭게 숨 쉬고 푸른 하늘 올려다볼 수 있는 그대가 더 행복한 거요.'

걸음걸이가 비틀어진 탓인지 내 구두 뒤축은 바깥쪽이 다 닳아 없어지고 겨우 초승달 모양의 고무만 붙어 있었다. 주인 잘못 만나 혹사를 시켜 가며 이리저리 끌고 다녀 병이 나 버린 구두가 새 단장을 마쳤다. 구하기 어렵다는 손톱만 한 밑창 대신 넓적한 고무를 대고 자르고 다듬어 성형을 마치고 반질반질하게 화장까지 해서 내어놓는다.

시종 말 한마디 없이 구두의 병을 다 고쳐 놓은 원장은 값을 치르고 나오려는 내게 한마디 툭 던졌다.

"구두 굽 좀 자주 가시오. 조금만 더 닳아 굽의 몸통이 상하면 고치고 싶어도 못 고쳐."

미련한 나를 보고 하는 소리 같았다. 불편한 인간관계도 구두병원처럼 뚝딱 손질로 고쳐 낼 수는 없을까. 내가 미처 깨닫지 못하고 있었을 뿐 마음 하나 바꾸면 이해 못할 일이 없는데, 다정스런 말 한마디면 해결될 일을 나는 쉽게 못한다.

주변 사람들에게서 살갑지 못하다는 말을 나는 자주 듣는다. 십 년을 사귀어도 처음 본 사람마냥 뚱하다는 말을 들으면서도 성격이니 어쩔 수 없다는 변명만 했다. 내 결점을 알면서도 고치지 못했는데 구두병원의 원장이 길을 가르쳐 준 것이다. 진작 성격을 고쳐보려 애썼다면 나의 삶이 좀 달라졌을까.

몸통까지 상해 버리면 고치지 못하는 구두처럼 마음에까지 깊은 상처를 입게 되면 돌이킬 수 없어질지도 모른다. 새 굽을 갈듯 늦기 전에 내 곁에서 오래 친구가 되어준 이들에게 진심이 담긴 말 한마디라도 전달해야 하겠다.

반짝반짝 닦은 구두를 신은 발걸음이 빨라진다.

역할 바꾸기 놀이

　어머니의 손을 잡고 목욕탕으로 갑니다. 좀 멀지만 큰길가에 새로 잘 지은 곳까지 갈 생각으로 길을 나섰으나 어머니의 발걸음이 따라주지를 못합니다. 어린아이처럼, 가다가 나무의자나 돌팍이 보이면 기어이 앉았다가 일어섭니다. 다리 아프다고 털썩 주저앉을 때마다 나는 멀거니 하늘을 올려다보거나 한숨을 내쉽니다. 밭이랑을 타느라 멍에를 짊어지고 앞서 가는 어미 소 뒤를, 송아지가 쫄랑거리며 따르다가 어미 소가 쉬면 같이 멈추어 먼 산을 보듯이 말입니다.
　물오른 목련꽃에도 눈길을 주어야 하고, 작은 공원 울타리 아래 뾰족이 고개 내민 쑥을 보면 캐자고 조릅니다. 쑥은 좀 더 볕살이 따뜻해지면 오염이 덜 된 시골로 나가서 캐자고 달래 봅니다.
　시설 좋은 곳으로 가기에는 아무래도 무리일 것 같아 후미진 길목에 있는 목욕탕으로 들어갑니다. 어머니는 불과 두어 계단을 오르고 달리기를 마친 아이처럼 가쁜 숨을 내쉽니다. 마주잡은 내 손바닥에도 땀이 배입니다.

끊어질 듯 아픈 허리가 뜨거운 물에 찜질을 하면 말끔히 나을 것 같았던 어머니의 애초 계획은 어긋난 것 같았습니다. 허접한 목욕탕 시설과 퀴퀴한 냄새 때문인지 얼굴은 실망스런 빛으로 가득합니다.

다행히 목욕탕은 붐비지는 않았습니다. 사람이 많으면 엄두도 못내 볼 침상을 깨끗이 씻고 어머니를 눕혔습니다. 언제나 몸가짐이 단정했던 어머니는 그곳에 눕는 게 부끄럽다고 했으나 이내 딸에게 모든 걸 순순히 맡겼습니다.

가죽만 앙상하게 남은 어머니를 씻겨 드립니다. 조금만 건드려도 뼈에서는 통소 소리가 날 것만 같습니다. 성수聖水를 뿌리듯이 조심스럽게 어머니 몸에 물을 끼얹고 구석구석 비누로 씻어냅니다. 그 옛날에는 어머니가 내게 그랬겠지요. 행여 눈에 비눗물이라도 들어 갈까봐 조심스럽게 내 몸의 때를 씻어냈을 것입니다.

오래전 일이 생각납니다. 시골에서는 섣달그믐이면 연례행사처럼 한 해의 묵은 때를 씻어 내기 위해 목욕을 합니다. 목욕탕이 없던 시골에서는 쇠죽을 끓이는 가마솥을 비워내고 물을 데워 목욕을 했더랬습니다. 그믐날이면 아버지는 아침부터 생솔가지에 불을 당겨 하루 종일 목욕물을 데우곤 했지요. 일곱 식구가 차례로 목욕을 하자면 매캐한 연기는 하루 종일 집을 에워싸고 있었답니다. 해가 저물면 어머니 차례가 됩니다. 어머니는 물을 아끼느라 우리가 몸을 담근 물에다 목욕을 하고 맑은 물 한 바가지로 헹구어 냅니다. 어머니는 머리까지 감아 빗고 집안 구석구석 촛

불을 밝히셨습니다. 한 해를 탈 없이 넘기게 해준 데 대한 고마움과 내년의 무사안일을 위해 손을 모으던 모습이 성스러워 보였습니다.

이제는 내가 그 자리에 섰습니다. 소꿉놀이를 하듯이 어머니는 아이가 되고 나는 어머니의 어머니가 되어 봅니다. 넓은 목욕탕 한 귀퉁이에 쪼그리고 앉아 어머니의 머리를 감깁니다. 숱 많고 결 곱던 머리카락은 듬성듬성 빠져 산비알 황토밭에, 눈이 내린 듯 허허롭습니다. 어깨 위의 부황 뜬 흔적은 물뿌리개의 막혀버린 꼭지같이 선연한 아픔이 되어 내 가슴을 파고듭니다. 구부정한 허리는 힘들었던 지난날을 말해 주는 것 같아 고개를 돌리게 합니다. 생솔이 뱉어 내던 그 매운 연기가 없는데도 내 눈에는 자꾸 따가운 물이 고입니다.

나는 영영 어머니의 딸로만 살고 싶은데 이 역할 바꾸기가 놀이처럼 쉬이 끝날 것 같지 않습니다. 어머니는 조롱조롱 매달린 자식들을 알토란같이 잘도 키워 놓으셨건만, 나는 어머니와 잠깐 함께 지내는 것도 이렇게 힘이 들어 합니다.

단디 해라이~

직지直指가 보내는 편지

 안녕, 나는 직지야. 내 원래 이름은 '백운화상초록불조직지심체요절'이지만 너무 길어서 간단하게 '직지'라고들 해. 풀이를 하면 '직접 가리킨다', '바른 마음' 등으로 쓰이지. 사람의 마음을 바르게 볼 때 그 마음의 본성이 곧 부처님 마음임을 깨닫게 된다는 뜻이야. 모두들 내 마음 같다면야 싸움이 일어날 일도 없이 평화가 가득할 거야 그치? 참 내 나이 635살이나 되었으니 너희들에게 하대를 해도 괜찮겠지?

 내가 태어난 곳은 물론 대한민국이야. 너희들이 그 먼 창원에서 청주고인쇄 박물관까지 달려온 것은 나의 흔적을 찾아온 것 아니겠니? 내 고향인 청주 흥덕사 빈터에서 무엇을 얻어갔는지 궁금하구나. 바람만 넘나들던 그곳에서 돌조각 쓸어안고 나의 안부를 물었겠지.

 산 넘고 물 건너 숨이 턱에 차도록 휘달려온 바람이 내가 살고 있는 프랑스 국립도서관 문밖에서 우는 듯이 웃는 듯이 전해 주더군. 여러분이

나를 직접 만날 수 없어 안타까워했다는 마음이 고스란히 내 귀에 들려왔어. 큰스님처럼 위엄을 갖추고 점잖게 한마디 전하고 싶지만 나도 화가 나는 걸 어떡해.

지혜로운 선조들이 남긴 뛰어난 유물을 잘 간수하지 못하고 이제 와서 내 것이라 우기면 뭘 하겠니. 국가의 힘이 약해 강제로 빼앗긴 외규장각 의궤 같다면야 혹 되돌아갈 희망이라도 있겠지만 내 경우엔 좀 다르거든. 그렇지만 뭐, 내 뼛속 깊은 곳에 박혀 있는 대한민국 정신이 어디 가겠니. 나로 인해 내 조국이 빛날 수 있다면 난 기꺼이 거기에 응할 생각이야. 나에 비할 바는 아니지만 동계올림픽 평창 유치를 위해 자신이 버린 조국이 도와 달라 했을 때 서슴없이 손 내밀어 애써준 소탈한 인상의 토비도슨을 보면서 감동한 적도 있거든.

하지만 서운한 건 어쩔 수 없어. 내 가치를 알아본 프랑스 골동품 수집가인 양아버지가 아니었다면 지금쯤 어떻게 되었을까를 생각하니 모골이 송연해져. 아마 내 형(상권)처럼 어디서 어떻게 사라진 줄도 모를 거야. 아니 내가 태어났다는 것조차 몰랐을 거 아냐.

지금 나는 양아버지인 앙리 베베르의 유언 덕분에 일반인들이 쉽게 접근조차 할 수 없는 프랑스국립 도서관 깊숙한 밀실에서 아주 귀한 대접을 받으며 잘 지내고 있지만 말이야.

요즈음 한국 사람 중에는 돈이 된다면 귀중한 유물은 고사하고 부모조차 팔아 치울 거라고들 해. 전에는 그래도 한국이 동방예의지국이란 소리도 듣고, 은근과 끈기의 표상이라고도 했어. 박물관에서 직지 금속활자 공방 재현관에 들렀을 때 봤지? 스님들의 수작업 하나하나로 오랜 시간

잉태되어 나온 흔적이 나니까 나도 은근과 끈기의 결실이지. 그런데 지금은 어때. 화르르 피었다가 일주일도 채 넘기지 못하는 꽃구경을 하러 몇십만 명이 구름처럼 몰려들었다는 소리는 들었어도 고인쇄 박물관에 하루 몇만 명이 들었다는 소리는 못 들었거든. 외양만 보고 새것에만 현혹되니 빨리빨리를 외치는 성질 급한 사람이 되어버린 것 아니겠어?

'온고지신'이란 말 들어봤지. 옛것을 익히고 그것을 바탕으로 해서 새것을 알아가고 만들어내는 거지. 다행히 여러분 중에는 골동품을 너무나 아껴 옆에 끼고 같이 숨 쉬며 사는 사람이 있다고 들었어. 부디 그 마음 변치 말고 사랑해 주길 바래. 혹시 알아? 박병선 박사처럼 연구하다 보면 나 같은 보물을 건질 수 있을지.

내 자랑 같지만 나는 현존 최고 오래된 금속활자로 인쇄된 책이야. 독일 구텐베르크의 '42행 성서'보다 72살이나 앞섰다는 것 아니니. 그래서 유네스코 세계기록 유산에 등재되어 세계 제일의 문화유산이 되고 보니 한국에서도 관심을 갖고 아는 체를 하는 거지.

그뿐인가. 내가 인류에 공헌한 바가 크다고 2005년부터는 내 이름을 따 '직지상'도 제정되어 격년제로 시상한다고 하니 세계 무대에 한 번 도전해 보는 것이 어때.

사람이 사람답게 살 수 있도록 정보 혁명을 일으킨 것이 있다면 첫째는 말을 사용하게 된 것이래. 두 번째가 문자를 만든 것이지. 여기까지는 여러분도 알고 있는 거지. 그런데 3차 정보 혁명이 뭔지 아니? 지식과 정보를 대량으로 보급시킴으로써 획기적인 문화발전을 가져온 바로 나, 금속활자 인쇄술이 아니겠니. 또 이것을 바탕으로 컴퓨터가 탄생되고 오늘날은 시간적 공간적 제약까지 사라지고 세계인들이 실시간 정보를 공유할 수 있는 시대가 된 거야. 그러고 보면 내가 정말 대단한 일을 해낸 것 같아 뿌듯해.

  오늘은 내가 너무 수다를 떨었네. 심중에 박혀 있던 말들을 털어내니 한편으로는 후련해. 청주까지 왔다가 뭔가 허전하여 자꾸 뒤돌아보았을 너희들을 꿈속에서 불러들여 악수를 청할지도 몰라. 어쩌면 너희들의 잠을 방해할 수도 있어. 그래도 노여워하지 않을 거지? 그럼 꿈속에서 만나자. 안녕.

무명지의 반란

 명절을 보낸 며칠 후부터 넷째 손가락 두 번째 마디가 아팠다. 다친 적도 없고 심하게 움직인 것도 아니었다. 설사 명절이라 다른 때보다 일을 좀 더 했다 하더라도 무명지는 아플 이유가 없었다. 다른 손가락들이 힘을 합쳐서 부지런히 움직일 때 이 녀석은 있는 듯 없는 듯 별로 하는 일도 없이 눈에 띄지도 않은 위치에서 구색만 맞추고 있지 않았는가 말이다.
 일을 할 때 바로 닿는 부위도 아니었고 쓰임새가 큰 것도 아니니 시일이 지나면 낫겠거니 싶어 치료도 하지 않은 채 그냥 방치해 두었다. 관심 두지 않고 지나기를 며칠, 무채를 썰기 위해 칼자루를 쥐다 그 부위에 살짝 닿게 되었다. '악' 소리를 내지르며 칼자루를 집어던졌다. 살그머니 눌러보니 심장이 떨릴 정도로 심한 통증에 눈물이 나왔다.
 외상도 전혀 없었고 손가락을 오므리는데도 이상이 없는데 건드려야만 신호를 보내온다. 관심을 가져 달라고 떼를 쓰는 것 같다. 할 수 없이 병원에 가서 엑스레이도 찍고 다른 반응 검사도 해 보았지만 이상을 찾아내지 못했다. 물리치료를 했으나 더 아프기만 하고 소용이 없을 것 같아 다음 날로 그만두었다. 엄지나 검지였다면 어떻게든 빨리 낫게 하려 애를 썼을 테지만 기다리기로 했다.

우리 형제는 다섯이다. 위로 언니 둘 아래로 남동생 둘이 있는 나는 굳이 따지자면 셋째이다. 하지만 태어나자마자 엄지 대접을 받으며 누나 셋의 등급을 확 끌어내려 버린 남동생으로 인해 나는 슬그머니 밀려나 이름도 없는 무명지 신세가 되었다.

아들을 얻으려면 타향살이를 해야 한다는 무당의 말 한마디에 엄마는 평생 그리워할 고향도 떠나야 했다. 한 집안의 종부인 엄마도 별다른 도리가 없었을 것이다. 타향에서 용왕님께 빌고 빌어 겨우 아들을 얻었다. 떡두꺼비 같은 그에게 행여 마라도 낄까봐 무당의 아들로 팔아놓고 하루도 그르지 않고 치성을 드렸다. 아들의 존재야말로 엄마를 용기 있는 엄마로 만들었고 살아가는 의미가 되었다. 자기보다 덩치 큰 이웃집 아이를 씨름 한판으로 단번에 넘긴 이야기는 두고두고 자랑거리였고 그림이나 글, 공부까지 잘해 상도 휩쓸어 왔다. 그러나 아무리 엄지가 크고 잘났어도 우리 넷이 굽혀주지 않으면 일인자로 우뚝 설 수 없는 일 아닌가.

검지는 큰언니이다. 전쟁의 화염 속에서 태어난 큰언니는 맏이답게 모두를 포용하는 힘이 있다. 엄지 혼자서 할 수 없는 일에 힘을 보태는 검지 역할에 충실하다. 늙은 부모님을 보살펴 드리는 것도 언니 몫이고, 동생이 종손으로서 힘들어 하는 집안 대소사에 조언을 하고 방향을 잡아주는 것도 큰언니라서 가능한 것이다.

단디 해라이~

엄지와 검지만 있어도 웬만한 일이야 할 수 있겠지만 작은언니는 큰언니 곁에 살면서 뒤를 받쳐 주고 있다. 조용히 주변을 잘 챙기는 언니는 자신보다 부모나 형제를 더 아껴주는 착한 딸이고 형제이다. 누구에게도 말할 수 없는 사연도 작은 언니는 무조건 이해해 줄 것만 같은 푸근한 사람이다. 나는 한 번도 언니에게서 불평불만을 들어 본 적이 없다.

넷째 손가락, 흔히들 무명지, 약지라고 부르는 손가락이 내가 처한 위치가 아닌가 싶다. 이름도 얻지 못하는 자리, 내가 아무리 발버둥을 쳐봐야 눈에 띄지도 않고, 관심 두는 사람도 없었다. 종갓집의 셋째 딸로 태어났으니 낳은 엄마도 태어난 나도 대접을 못 받기는 마찬가지였다. 거기다가 병치레까지 잦아 쨍한 햇살만 바라봐도 휘청거리며 쓰러질 정도였지만 부모조차도 대수롭지 않게 여겼다.

늦둥이로 태어난 막내 동생은 아들로 태어나 살갑기조차 했으니 귀여움을 독차지할 만했다. 손자 같은 아들인 막내가 새끼손가락 걸어가며 엄마에게 효도하겠다며 맹세했다는 말은 단골 이야기 거리를 만들어 주었다.

내 위치를 생각하다 보니 무명지가 더 애틋하다. 수지침이나 맞을 요량으로 찾아간 곳에서 나는 뜻밖의 이야기를 들었다. 무명지가 쓸모없이 보이지만 심장과 연결된 가장 중요한 손가락이라는 것이다. 그래서 잘 관찰하고 빨리 원인을 찾아 치료를 해야 한단다. 처음으로 무명지도 중요하다는 것을 알았다. 분명 나도 우리 집안의 중심을 연결하는 한 구성원이었고 부모나 형제의 사랑과 관심과 보호를 받으며 자랐을 것이다. 붙임성도 없고 살갑지 못한 내 탓은 하지 않고 엄마만 원망하며 가슴에 응어리를 만들고 있었던 것이다. 그러고 보니 대수롭지 않게 여겼던 손가락이 달리 보였다. 다른 손가락 틈에서 관심을 못 받는 것이 아니라 모두들 에워싸 보호하려는 것처럼 보였다. 나를 지배하고 있던 생각을 바꾸면 이렇게 달라져 보이는 것을.

  오늘은 다른 일 다 제쳐두고라도 무명지 치료에 애써 보려 한다.

선택의 기로에 서면

　중환자실 한 켠, 한 뼘 침대에 아버지가 누워계신다. 평생 남에게 싫은 소리 한마디 하지 않고 이야기에 귀 기울여 주시더니 목숨까지도 자식들에게 맡겨버렸다. 짚불처럼 사위어 가는 아버지를 두고 우리에게 선택을 하라고 한다.
　'생명 연장 장치를 할거냐 말거냐'를 한시가 급하니 당장 결정하라고 한다. 그것은 입으로 호스를 넣고 인위적으로 산소를 들이붓는 것이라고 한다. 옆자리를 둘러보니 양손을 침대 가장자리에 묶어놓아 몸부림을 쳐 보려고 해도 꼼짝을 못 하게 해 죽은 듯이 누워 있는 사람이 대부분이다. 행여 무의식중에 손이 그곳으로 가서 호스를 빼버리는 날에는 그대로 숨이 멈추기 때문이라고 한다.
　간호사는 그분들의 코에 연결된 호스로 미음 몇 술을 떠 넣는다. 미음이 넘어갈 때마다 고통으로 일그러지는 얼굴은 바라보기만 하여도 진저리가 쳐진다. 소생 가능성이 있다면 그 고통 속에서라도 참아내야 하겠지만 몇 달 더 연장하기 위해서라면 차라리 거두는 것이 나을 듯하다.

　대답조차 할 수 없는 상황에서 아픈 이들은 편안하게 가족들과 하직인사를 할 선택권조차 없다. 자식들의 애타는 심정에다 "죽일래 살릴래."하고 있으니 야박하다 못해 잔인하다.

　아버지의 선택은 분명하다. 집에서 최후를 보내고 싶다던 아버지는 누구라도 눈길이 마주치면 집에 가자고 간절한 눈빛으로 애원을 한다. 하지만 산소 호흡기만 제거하면 어떻게 될지 모르는데 누가 감히 나서서 아버지의 죽음을 선택할 것인가. 이러지도 저러지도 못하고 서로 눈길을 피한다. 이럴 때의 선택은 아무도 모르는 누군가가 대신해 주면 좋을 것 같다.

　아버지에게는 이미 저세상에서 마중을 나온 사람이 도착한 듯하다. 저기 앉아 계시는 손님 대접 좀 잘하라고 중얼거린다. 그러다가도 과거의 어느 지점을 헤매는지 달래는 소리도 내보고 빙그레 웃음을 짓기도 한다. 무의식 속에서도 형제끼리 잘 지내라며 알아들을 수도 없는 말로 웅얼거리기도 한다. 이런 모습을 보고 있자니 이제는 특별한 선택이 필요 없다는 것을 알았다.

　모두들 잠시 눈을 붙이러 간 새벽녘 나는 아버지의 차가워져 가는 손을 꼭 잡았다. 그리고 아버지의 귀에다 대고 "남은 우리들 서로 위해주며 잘 살 테니 염려 말고 이제 편히 쉬시라"고 했다. 아버지가 나의 말을 그대로 받아들인 걸까. 그때부터 아버지의 살아 있음을 보여주던 전광판의 모든 숫자들이 급격히 떨어져갔다. 폐가 줄어 숨을 쉬기조차 고통스러워하는 아버지를 보기가 안타까워서 했던 말인데 순하게 받아들이다니. 내가 간절히 다시 일어나 주기를 소망한다면 벌떡 일어날지도 모르는데 말이다. 더럭 겁이 났다. 나는 형제들을 급히 불러 모았다. 힘들어 하지 말라는 어머니의 간곡한 기원이 이어졌고, 아버지는 힘겨웠던 지난 세월과 헐떡이던 숨소리를 조용히 내려놓으셨다. 더는 자식들에게 부담을 주지 않으려 한 선택이었지 싶다.

과묵하신 아버지는 우리에게 살갑게 대하지는 않았다. 내 기억으로는 한 번도 꾸중을 하거나 회초리도 든 적이 없었다. 하지만 바른 모습만 보이려는 당신 자체가 우리의 규율이었고 법이었고 종교였다. 감히 아버지의 말씀을 거부해 본 적이 없었다. 아버지의 선택은 대부분 옳았다.

사윗감을 고를 때도 망설이는 나를 제쳐두고 그에게 분명히 말했다.

"돈이란 있다가도 없는 것이고 없다가도 있을 수 있네. 하지만 사람의 품성은 다시 만들 수가 없는 것이네. 선택은 자네 몫이지만 현재만 보지 말고 미래를 보고 결정하게."

아버지의 결정적 한 마디는 우리가 스무 날 만에 부부가 되게 한 촉매제가 되었다.

살아간다는 것은 선택을 해 가는 과정이 아닐까 싶다. 태어남과 죽음은 스스로 선택할 수 없지만 하루를 시작하는 아침에 무엇을 우선으로 할 것인가를 결정하는 사소한 일로부터 생명을 좌우하는 엄청난 일까지 선택을 해야만 한다. 그 선택에 따라 각자 삶이 결정되는 것이다. 어떤 삶을 살다 갈 것인가도 매일 하는 선택에 달렸다.

한 집안의 장손으로 어렵고 힘들게 살다 가셨지만 아버지의 칭송이 끊이지 않는 것은 아버지가 한 선택들이 옳았기 때문이 아닐까.

"너그 아부지 같은 사람 세상에 다시 없을끼다……."

완벽한 사람이고자 했던 아버지로 인해 66년을 함께 살아 힘들었을 어머니는 이 한마디로 아버지를 세상에서 제일 괜찮은 사람으로 만들어 주었다.

중요한 선택의 기로에 서면 아버지가 떠오른다. 나는 아버지의 선택 기준이었던 자신보다 집안을 먼저 생각하고 내가 조금 손해 보는 쪽을 택할 수 있을까.

단디 해라이~

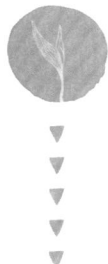

할머니 제자의 편지

선생님 새해 복마이바드세요 지난 한해도 우리들을 돌보 주신니라 수고 만해섭니다. 닥치오는 새해는 선생님 몸건강하새요 저희는 집에서 가정일 추실히 하고 있습니다. …… ……

신정이 지난 며칠 뒤 나는 연필로 한 자 한 자 꾹꾹 눌러쓴 편지 한 통을 받았다. 문자와 전화가 보편화되고 나서부터는 편지를 쓰는 것도 읽는 것도 드문 일이라 설레었다.

'선생님 에쁘요. 너무 보고시퍼요.'

선생님이 보고 싶어 빨리 방학이 끝나기를 손꼽아 기다린다는 할머니 제자의 편지였다. 연서를 받는 기분이 이럴까. 평소에 쓰던 초등학생용 칸 공책 두 장에다 연애편지를 쓰듯이 정성을 기울인 흔적이 보였다. 시장에 가서 과일을 산 이야기며 아들 며느리가 다녀갔다는 등 하루 일과를 세세하게 써 정감이 더했다.

　얼마나 망설이다가 썼을 것인가. 다 쓰고 나서는 또 얼마나 뿌듯했을 것인가. 유독 수줍어하셔서 배운 것을 칠판에 써보는 시간을 주어도 한 번도 나서지 않던 어른이었다. 쉬는 시간에 다 함께 노래를 불러도 입도 벙긋하지 않았고, 웃는 것이 최고의 보약이라며 한바탕 웃는 시간을 만들어도 살며시 미소만 지을 뿐 큰소리로 웃는 일이 없는 할머니였다.

　방학숙제로 선생님께 편지쓰기가 있다며 칠판에 주소를 적을 때만 해도 큰 기대는 하지 않았다. 감각을 잃지 않도록 공책을 한 번 더 펼쳐보게 하자는 뜻이었는데 이렇게 큰 선물을 받은 것이다.

　복지관에서 실버 한글반을 맡은 지 일 년 남짓, 글을 모르는 것만큼 답답한 일이 또 있을까. 글을 깨우쳐 세상을 다른 눈으로 볼 수 있게 만들면 그것보다 더 좋은 일은 없을 것이라 생각되었다. 하얀 화선지에 먹물 스며들듯이 내가 가르치는 것은 그대로 다 받아들일 것 같은 상상을 하면서 밤잠을 설치기도 했다.

　하지만 한겻이 지나기도 전에 나는 계획을 수정해야 했다. 자음, 모음이 어떻고 문장부호, 띄어쓰기, 내 머릿속에 떠오르는 대로 떠들었다. 입이 마르고 애가 타서 자꾸 물을 마셔가며 열을 내니 그분들이 먼저 지쳐갔다.

　"선생님예, 그렇게 열심히 잘 가르쳐 줄라고 애쓰는데 아무래도 우리 머리에 돌만 든 것 같십니더. 고마 우리가 알고 있는 말을 우찌 쓰는지만 가르쳐 주이소."

　"맞다. 계할 때 약속장소인 음식점 이름 읽을 줄 알고 은행에서 남의 손

빌리는 부끄러움 면하게 내 이름자나 쓸 줄 알면 되지."

맞는 말이었지만 그것같이 어려운 과제가 또 있을까 싶다. 한달음에 음식점 이름을 읽을 수 있다면 초·중·종성이 결합되어야 글자가 된다는 걸 알아 무엇 하랴. 글의 어원은 왜 배워야 하는지 왜 소리 나는 대로 글자를 다 쓰지 못하는지 알아서 무엇 하랴.

내가 기초를 고집할수록 그들의 기대와 의욕은 더 식어가는 것을 느낄 수 있었다. 그분들에게는 말이 아닌 복잡한 암호나 기호에 불과했다.

나이 드신 분들의 고정화된 생각을 바꾸기는 정말 힘든 일이었다. 쉽게 배울 수 있는 방법을 생각하다 보면 노래나 게임도 재미있는 한 방법이겠는데 그것은 공부가 아닌 놀이라고 한다. 수업시간에 노랫말을 써서 불러보자고 하면 그럴 시간에 공부나 한자 더하는 것이 좋다는 의견이 나오고, 글을 문장으로 읽어야 뜻을 이해할 수 있다고 하면 낱자도 모르는데 어떻게 통째로 읽느냐며 반문을 하신다.

명사는 그나마 단어와 이미지를 떠올리며 설명을 하니 쉽다고 할 수 있다. 동사나 형용사 등은 설명하기도 쉽지가 않아 답답했다.

때로는 그림을 그리기도 하고 연상되는 설명을 덧붙이기도 하면서 반복해 나갈 수밖에 도리가 없을 것 같다. 금방이라도 글을 읽고 쓸 것 같은 조급함을 버리고 나니 조금은 편해졌다.

오랜 갈증을 푼다고 물을 동이째 목구멍에 들이붓는 것은 어리석은 짓이다. 인생을 즐기자고 배우는 공부가 고역이라면 되겠는가. 이제는 내가 여유롭게 바꾸고 있다. 그래도 일 년여를 같이 보낸 세월이 헛된 것만은 아니었던 것 같다. 또박또박 짚어가는 할머니들의 책읽기와 느릿느릿 적어가는 글쓰기에서 목표를 가지고 사는 사람의 환희를 읽는다. 세상일이란 열정만으로 되는 것이 아니라는 것은 할머니 제자들에게서 내가 배운 것이다.

나는 오늘도 수없이 되풀이해서 이 말을 할 것이다.

"우와, 언니들 오늘 너무 잘하네예."

우산

햇볕 뜨거운 날 길바닥에 앉은 노인 한 사람이 발치에 우산과 양산 몇 개를 놓고 우산살을 꿰어 맞추고 있다. 보기 드문 광경에 아이들이 빙 둘러서 신기한 듯이 들여다보다가 들끓는 지열에 견딜 수 없었던지 그마저 하나둘 사라져버렸다. 상가 지붕이 드리워주던 부채만 하던 그늘조차 자취를 감춘 자리는 끓는 가마터가 따로 없다.

일흔은 넘긴 듯한 노인은 화끈거리는 열기에도 무심한 듯 맨바닥에 양반다리로 앉아 한눈팔지 않고 열심이지만 일은 더디기만 하다. 일이라야 고작 서너 개의 우산을 일렬로 늘어놓고 살을 바로 잡거나 떨어진 곳을 꿰매는 것이었다. 건물의 그늘 밑으로 옮겨 앉기만 해도 좋을 텐데 굳이 그곳으로 터를 잡은 것은 지나가는 사람들 눈에 잘 띄기 위해서일 것이다.

지나가다 아이들 어깨너머로 구경하던 나는 우리 집 다용도 함에 포개져 있는 고쳐야 할 우산들이 생각났다. 그러나 뜨거운 햇볕 속에 나앉은 노인에게 일거리를 만들어 주는 것이 옳은지 잠시 갈등을 한다.

　오래 망설이지 않았다. 요즈음에는 우산을 고쳐 쓰는 사람이 흔치 않으니 쉽게 만날 수 있는 풍경이 아니다. 그를 오늘 아니면 또 언제 만날 수 있을까를 생각하니 지나칠 수가 없다. 서둘러 집에 돌아와 신발장 속의 우산들을 모두 꺼내어 본다. 살이 휘어지고 부러진 것도 있고 실밥이 터져 너덜거리는 것, 손잡이가 없는 것도 있다.

　흠 투성이 우산 몇 개를 안고 다시 가니 그 자리는 텅 비어 있다. 그 열기에 견디기가 쉽지 않았으리라 여기면서도 아쉬움에 우두커니 서 있다가 발길을 돌렸다. 내 손에 들린 우산들은 또 얼마나 기다려야 우산으로서의 모습을 갖추어 길거리에 나설지 기약을 할 수 없게 되었다.

　우리 집에도 동창회나 개업 같은 행사장에서 얻어다 둔 우산이 식구 수보다 많이 있지만 내가 이것들을 모아 둔 이유는 따로 있다.

　친구의 비좁은 가게 한 모퉁이를 차지하고 있는 우산 꽂이에 채워놓기 위해서이다. 어느 날 시내에서 갑자기 내리는 비를 피할 곳을 찾다가 생각난 곳이 친구 가게였다. 좁은 가게 안에 자수틀까지 들여놓은 바람에 앉을 곳조차 마땅찮아 잘 찾지 않던 곳이었다. 손님들도 선 채로 볼일만 보고 나가는 그곳에 여러 개의 우산이 담긴 통을 본 적이 있었다. 버려진 우산들을 주워 손을 봐 두면 꼭 이런 날에 잘 쓰인다고 했다.

　"우산 쓰고 가. 다음에 나올 때 잊지 말고 꼭 갖다 놓아야 돼."

　비 맞는 것을 유난히 싫어하는 나는 그날 허리가 내 앞으로 많이 굽은 우산 덕분에 허둥거리지 않고 볼일을 다 보고 돌아왔다. 비를 대신 맞아 준 우산이 그렇게 고마울 수가 없었다.

단디 해라이~

그날부터이다. 무심히 보아 넘겼던 우산들이 내 눈에 들어왔다. 우산대가 부러진 것, 바람에 뒤집혀 빗물이 고이는 것, 살이 굽히지 않는 우산을 집어 들게 된 것이다. 바늘 한 땀이면 쓸 만한 우산이 되고 사인펜 뚜껑 하나 꼭지 위에 끼우는 것으로 멀쩡해질 우산들이 쓰레기통에 거꾸로 처박혀 있기도 했다.

내가 다니는 직장의 우산꽂이에도 천덕꾸러기 우산이 늘 몇 개씩 꽂혀 있다. 변덕스런 날씨에 집에서 쓰고 나왔다가 들어갈 때 잊고 가는 것도 있지만 실밥 하나 터져도 버려진다.

그동안 아무 생각 없이 내 손에서 버린 우산은 몇 개나 될까. 내게 쏟아지는 소낙비나 뜨거운 햇볕을 고스란히 다 받아준 우산을 살펴보니 우산산傘이란 한자어가 생각났다. 우산살 안에 빼곡히 사람이 들어앉아 있는 모양이 재미있어 보인다. 하늘을 다 가려서 비를 피하게 해 주는 우산은 발에도 물방울 튀지 않게 만들어 줄 듯하다. 같은 하늘 아래 살고 있는 사람들이 같이 비를 피하려면 서로 어깨동무를 해야만 한다. 내 친구는 비만 피하게 하려고 우산을 빌려준 것이 아니었다. 우산의 의미에 정까지 듬뿍 얹어 준 것이었다.

할아버지를 다시 기다리느니 바늘과 실을 꺼내고 우산 고치는 할아버지 마냥 우리 집 거실에 우산을 일렬로 늘어놓고 양반다리를 하고 앉았다. 터진 실밥을 정리하고 질긴 실로 꿰매어 더 이상 빗물 스며들지 않게 고쳐서 우산 같은 친구를 만나러 가야 한다.

마음만큼 손길이 따라주지 않지만 쓸 만하게 고쳐놓으니 우산을 펼치기도 전에 기분이 먼저 활짝 펴지는 것 같다.

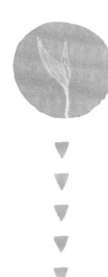

원북아지매

시댁이 있는 시골에 가면 나를 특별대우 해주는 사람이 있다. 먼 친척 뻘인 원북아지매다. 날씨가 더우면 동네 어귀의 등구나무 아래 평상 위에서, 추우면 담벼락 아래서 햇볕을 쬐시다가 맞닥뜨리면 어김없이 내 손을 덥석 잡으신다.

"아이구 우리 이뿐이 오나, 일 도와주러 오는가베. 이렇게 천성이 착한 께네 늙지도 않고 이뿌기만 한가베."

쉰이 넘은 나에게 아직도 변함없이 '우리 이뿐이'라고 불러주는 사람은 원북아지매밖에 없다. 구순을 바라보는 어른이 만날 때마다 칭찬을 해주어서인지 나는 내가 천성이 착한 것으로 착각을 하고 그렇게 행동하려 애쓴다. 그것이 말의 힘이 아니겠는가.

대부분의 동네 노인들은 모여 앉으면 자식자랑을 하거나 남의 흉을 보는 것으로 시간을 보낸다. 하지만 그분은 남의 험담을 하지 않는다. 아지

단디 해라이~

매를 보면 효부도 악부도 시어머니의 말끝에서 만들어지는 것을 알 수 있다. 진정한 어른이 어떤 사람인지를 보여준다. 물론 그 댁의 며느리도 누구 못지않게 시어머니 공양을 잘하기는 하지만 어른이 칭찬을 아끼지 않으니 남들도 인정을 해 주는 것이다.

지난해 겨울 문중 어른들이 다 모여 재실에서 묘사를 지낼 때였다. 나는 설거지를 담당하게 되었다. 전날 내려 얼어 있던 눈이 기와를 타고 흘러내리다가 고드름 주름을 만들 만큼 추운 날이었다. 재실 앞마당 한 귀퉁이에 마련된 설거지통에 손을 담그자 손끝에 닿는 얼음물이 혈관을 타고 심장으로 흘러드는 듯했다. 유난히 추위에 약한 나는 두툼하게 옷을 껴입었지만 몸이 옥죄어 왔다. 그렇다고 자리를 뜰 수도 없는 상황이었다. 파랗게 떨면서도 설거지를 하고 있는 것을 지켜보고 있었던지 아지매가 다가오셨다.

"우리 이뿐이 한 번 안아보자."라며 두 팔을 크게 벌리고 있었다. 나는 고무장갑 끝에 매달린 얼음물을 떨쳐낼 사이도 없이 덥석 안겼다. 따뜻한 할머니 품이었다. 아지매는 내 등을 두어 번 토닥거려 준 다음 입고 있던 털 스웨터를 벗어 내 어깨에 둘러주셨다.

"나 같은 늙은이는 무뎌서 추운 것도 못느낑께네 괜찮다."며 한사코 내게 입으라고 했다. 문중 어른들이 눈치채지 못하게 무안함도 추위도 함께 덮어 주었다. 괜스레 코끝이 시큰해지며 내가 태어나기도 전에 돌아가신 나의 할머니 같다는 생각을 했다.

살아가면서 또 어디서 이렇게 자상한 어른을 만나고, 따뜻한 할머니의 정을 느낄 수 있을까. 이즈음엔 바라보는 눈길이 더욱 깊어져 안타까움을 더한다.

　어릴 적 친구 할머니는 손녀가 무슨 잘못을 하든 감싸주고 보호막이 되어 주었다. 청소를 한다고 나무마루에 물을 들이부어 결이 거칠게 일어나 못 쓰게 만들어도 그녀의 할머니는 엉덩이 두드려 주며 잘했다고 칭찬을 해주셨다. 그뿐인가. 싸움을 해도 할머니 앞세우고 당당하게 다시 나타나 상대방의 기를 죽여 놓아 누구도 그 친구를 함부로 대하지 못하게 했다. 그때부터 나는 할머니에 대한 환상을 가지고 있었다. 친구네가 부자였던 것도, 부모가 젊다는 것도 부럽지 않았지만 무조건 편이 되어줄 할머니를 가진 것만은 부러웠다.

　시간이 지나면 누구나 할머니가 된다. 내가 바라는 할머니는 세월의 이력이 쌓이는 만큼 배려와 이해가 쌓여가는 사람이면 좋겠다. 수많은 이야기를 품고 있지만 속으로 삭이며 시원한 공기만 내어주는 숲 같은 어른이면 되지 않을까. 마음을 읽어내어 따뜻하게 감싸 안을 줄 아는 된장 뚝배기 같은 어른이라면 더할 나위 없이 좋을 것 같다. 원북아지매처럼.

친구를 만나고 싶은 날

'살구꽃이 피면 한번 모이고, 복숭아꽃이 처음 피면 또 한 번 모인다. 한여름 참외가 익으면, 서늘한 초가을 서지西池에 연꽃이 구경할 만하면, 국화꽃이 피면, 겨울이 되어 큰 눈 내리면, 세모에 화분의 매화가 꽃을 피우면 한 번씩 모이기로 한다.'

 조선 후기 실학자 정약용은 마음 맞는 사람끼리 시 동인을 결성하며 만나자는 약속을 이렇게 하고 있다. 참으로 낭만적이고 부러운 일이다.

 요즘처럼 각박해져 가는 세상살이에도 이런 모임을 만들 수 있을까? 비 오는 날 칼국수 집에서 만나자는 약속을 한 적이 있다. 그나마 이런 낭만이라도 있다면 마른 땅에 스며드는 빗물처럼 촉촉한 활력소가 될 수 있을 것도 같다.

 나는 잠시 엉뚱한 생각을 해 본다. 나는 내 좋은 친구들을 언제 만날까. 도저히 누군가에게 말하지 않고는 못 배길 신나는 일을 알고 있을 때 한 번 부르고, 산나물을 직접 캐서 오물조물 무치고 더운 밥 했을 때 한번 부르고, 우연히 잡은 책 속에서 좋은 글귀를 만났을 때 한번 부르고…….

어제 탄 지하철에서였다. 대구지하철 참사를 떨치지 못해서인지 안은 붐비지 않았다. 자리도 많아 느긋하게 앉아 책이나 보려는데 눈이 자꾸 출입문 쪽으로 간다.

학군단 제복을 단정하게 차려입은 학생이 출입문에 떡 버티고 섰다. 엄마를 떠나 살고 있는 아들 생각이 나서일까. 나는 자꾸만 데려다가 빈자리에 앉히고 싶었다. 평소에는 엄두도 못 낼 일 아닌가. 빈자리가 자꾸 눈에 밟혔지만 내릴 역이 다 되었는가 해서 말도 못하고 말았다. 자연스레 그의 일거수일투족은 내 시야를 벗어나지 못했다.

출입문이 열릴 때마다 그는 안과 밖을 두리번거렸다. 그러다가 정자세로 서기를 몇 차례 하고 났을 때였다. 문이 열리고 그가 달려 나갔다. 이제야 내리나 보다 했는데 느닷없이 커다란 보퉁이 하나를 들고 다시 들어선다. 뒤따라서 나이 지긋한 할머니 한 분이 들어서고. 아하! 그랬었구나.

나는 이제 책이나 다른 어떤 것에도 눈을 돌릴 수가 없었다. 은근히 그를 관찰하고 있었다.

세 번째 역이 또 지나가고 객차 뒤칸에서 문이 열리더니 청년 한 사람이 들어섰다. 그 청년은 방금 지나쳐 온 그 문 앞에 서서 승객들을 향해 자신의 과거를 이야기하고, 추한 지금의 모습을 보여서 죄송하다며 앞으로 잘살 수 있도록 도와 달라고 호소했다. 겉으로 보기에 멀쩡해서인지 가방을 열고 지나가건만 돈을 넣는 사람은 한두 사람에 불과했다.

단디 해라이~

그때, 출입문에 꼼짝 않고 서 있던 그 학생이 성큼성큼 반대 방향의 그 청년에게로 향했다. 아주 빠른 걸음으로 그 청년에게 다가간 그는 가방에다 지폐 한 장을 던져 넣고 열려 있는 출구로 사라져 갔다.

그냥 내려도 될 것을, 일부러 반대방향에 서 있는 아무도 거들떠보지 않는 자기 또래의 청년에게로 다가서 준 그는 혹시 자신이 내릴 역이 아니었는지도 모른다. 그 친구가 미안해 할까봐, 혹은 남들의 시선이 부담스러워서 내려서 총총히 사라진 건 아닐까.

엉뚱한 상상을 하고 있던 내가 내릴 역을 놓치고 말았다. 그때까지도 나는 호주머니에서 망설이며 동전을 만지작거리고 있었다. 커다란 내 손이 갑자기 부끄러워졌다.

친구를 불러야겠다.

풍선껌을 불며

　아동센터에서 책을 읽어주고 있었다. 주위를 에워싼 아이들의 눈동자가 커지려는 대목을 소리 낮춰 읽으려는 순간 내 옆에 앉은 ㅅ이 옆구리를 쿡 찌른다. 펼쳐진 그의 손에 풍선껌이 하나 얹혀 있다.
　"이거 나 주는 거야?"
　그저 고개만 끄덕인다. 고맙다며 받아놓고 다시 책으로 눈길을 보내는데 이 녀석이 영 서운한지 눈짓으로 씹으라고 재촉을 한다. 나는 껌 하나를 여섯 명의 아이들에게 나누어 주기 위해 조각을 내었다. 그러자 그는 가지고 있던 통을 열어 모두에게 하나씩 나누어 준다.
　읽기를 잠시 중단하고 우리는 풍선껌을 씹었다. 단물을 빨아먹고 풍선 만들기 시합을 벌린다. 힘껏 부풀린 풍선이 터져 코에 달라붙고 입술 주위에 거미줄처럼 엉긴 모습을 서로 바라보며 깔깔대는 바람에 순식간에 아수라장이 되어버렸다. 책읽기는 이제 물 건너가 버렸다. 하지만 정작 ㅅ

은 말이 없다. 자기가 준 풍선껌에 대한 이야기를 하고 있어도 풍선 불기 대회를 해도 무반응이다.

내가 이 아이를 만난 지 벌써 한 해가 지났다. 벙어리로 의심할 정도로 그는 말을 하지 않았다.

그는 태어나자마자 엄마에게 버림받고 아버지의 가혹한 매질과 고모의 한숨 속에서 기 한번 펴보지 못해 장애 아닌 장애를 갖게 되었다고 한다. 학교에도 데려다 놓으면 사라져 버리기 일쑤라 그의 고모가 교문에서 지키고 있다가 센터에 데려오곤 했다. 학교를 벗어나서는 무엇을 하는지 아무도 모른다. 그는 남을 괴롭히거나 못된 행동을 할 아이는 아니다. 답답한 마음을 스스로도 주체를 못해 거리를 헤매다 오는지도 모를 일이다.

조카를 돌보느라 결혼도 하지 못한 그의 고모도 지쳤는지 원망의 화살만 쏘아댄다. 고모는 수업 중에도 옆에 앉아 그의 머리를 쥐어박아 가며 잘 들을 것을 강요한다. 그럴 때마다 눈물을 질금질금 흘리면서 입을 꾹 다물고 있다. 그나마 관심을 가져주는 고모에게 고맙다고 해야 할지 모르지만 나도 숨 막힐 것 같아 몇 번을 만류했지만 쉽게 포기하지 않았다.

ㅅ에게 말은 어떤 의미였을까. 어쩌면 사람의 입에서 나오는 말은 어떤 것이든 듣기 싫을지도 모른다. 그 애가 듣는 말이라야 놀리는 말이나 욕설이 아니었을까 생각하니 가슴 한편에 구멍이 뚫린 듯하다. 그래서 자기 속으로만 말을 쟁여 두었는가. 입 밖으로 말을 내놓지 않는다.

수업이 다 끝나고 너저분한 교실 청소를 하고 있는데 그가 ㄷ과 함께 나타났다. ㄷ은 더 복잡한 형태의 가족 구성원을 가지고 있고 성질도 급한데다 욕설과 폭력이 끊이지 않고 말까지 심하게 더듬어 교사들의 머리를 앓게 만드는 아이다. 느닷없이 나타난 녀석들이 독서를 하자고 보챈다. 청소만 마치고 집에 갈 생각이었지만 처음으로 독서에 관심을 보이는 이 말썽꾸러기들이 나를 흥분하게 만들었다.

 책 한 권을 읽혀 보고 싶은 욕심이 들었다. 내가 한 페이지를 읽고 아이들에게 돌려가며 읽기를 시켰다. 오늘만큼은 믿어보고 싶었다. 그런데 평소에는 고개만 절레절레 흔드는 ㅅ이 조용조용 책 한 페이지를 읽었다. 그러자 ㄷ도 한 번의 더듬거림도 없이 한 페이지를 읽고 또 읽고 번갈아 가며 책 한권을 다 읽었다. 틀린 부분도 있었지만 여태껏 보아오던 아이들이 아니었다. 가슴이 턱 막히는 감동과 자책이 동시에 일어났다. 나는 손을 내밀었다. 악수를 한 번 해보자고.

 '할 수 있구나. 잘했어'

 늦게 와도 언제든지 해 주겠다며 손가락을 걸었다.

 두어 달이 지난 요즈음 독서시간은 챙겨서 내 옆에 붙어 앉는다. 한 행이라도 읽혀 보려고 책을 들이밀면 고개를 흔드는 것은 여전하다. 어쩌다 혼자서 나를 찾아오면 녀석에게 책을 읽어 달라고 내가 조른다. 네모나 세모를 그려놓고 그림을 그려 달라고 내가 부탁하기도 한다. 마지못해 그 애가 각 도형에 그려놓은 그림은 모두가 도깨비 형상이다. 눈을 치켜뜨고 뿔이 난 도깨비. 그 아이의 눈에 사람들이 그렇게 보이는 것은 아닐까 생각하니 오소소 소름이 돋는다. 나는 치뜬 눈을 아래로 살그머니 내리고 내려처진 입꼬리는 위쪽으로 슬쩍 올려놓는다. 그러면 또 위쪽으로 아래쪽으로 우리의 실랑이는 시작된다.

 나는 그 아이가 무슨 이야기든 하기를 원한다. 풍선껌처럼 가슴 부풀

수 있는 꿈을 가졌으면 싶다. 비록 오늘 분 풍선껌처럼 불다 터져 버릴지라도 말이다. 언제든 다시 불면 되니까 한껏 부풀리어도 괜찮을 희망의 씨앗 하나 키웠으면 좋겠다. 풍선껌은 너무 적게 불면 풍선이 아닌 껌일 뿐이고 너무 크게 불면 터져 버려 이 또한 풍선이 아니다. 적당한 크기와 바람 넣기를 잘 조절해야 한다. 아래윗니와 혀도 같은 힘으로 애를 써 주어야 알맞게 부푼 터지지 않는 풍선이 만들어 진다. 애정을 주는 것도 마찬가지 아닐까.

풍선껌은 단물을 다 빼먹고 난 후 입 안에서 결을 고른 다음에야 풍선이 만들어진다. 무작정 처음부터 만들어지는 것도 아니고 너무 많은 시간을 입 안에서 우물거리고 있으면 물러져서 풍선이 만들어지지 않는다.

갑자기 친해보려던 마음을 잠시 접어둔다. 얼마만큼의 시간이 흐른 다음에야 ㅅ도 마음을 활짝 열어 놓을 것이다. 그 무표정한 얼굴이 부드럽게 펴지는 날이 빨리 왔으면 좋겠다.

치과에서

　병은 키워서 이로울 게 없지마는 특히 치아는 하루라도 빨리 치료하는 게 득이다. 그런데 제일 가기 싫은 곳 또한 치과이다. 하지만 어쩌랴. 집안 내림인지 부모나 형제들 모두가 치아가 튼튼하지 못한 것을. 미련스럽도록 미루다 밥 먹기조차 힘들어질 때에야 나는 치과를 찾았다.
　치과 의자에 앉기만 해도 긴장으로 온몸이 뻣뻣해진다. 드디어 의사가 앉고 의자를 뒤로 한껏 젖힌다. 목에는 젖먹이 아이에게나 어울릴 턱받침을 하고 얼굴에는 휴지를 덮어 둔다. 입을 크게 벌려보란다. 턱관절이 내려앉을 만큼 크게 벌렸건만 그것도 부족한지 아예 입에 고정용 플라스틱을 물린다. 이제는 어쩔 수 없다. 잇몸 양쪽에 날카로운 바늘이 꽂힌다. 약간 따끔할 거라는 그들의 말과는 달리 너무 아파 고함이 절로 난다. 마취 주사를 준 의사는 다른 사람을 보러 떠나고 나는 내 입을 만져 본다. 감각 없는 입술이 고깃덩어리를 만지듯이 생경스럽다. 이대로 마취가 풀

단디 해라이~

리지 않으면 어떡하나.

　유년의 한때가 생각난다. 영구치가 생기기도 전에 이미 충치를 다 앓고 있었다. 시커멓게 뚫린 잇속에 엄마는 구워서 기름이 지글거리는 피마자 씨를 물고 있게 했다. 충치를 없앨 생각이었지만 그만한 고통 값은 못한 것 같다. 그때의 공포가 되살아난다. 내 잇몸이 다 익어버려 다시는 뽀얀 새 이가 나지 않을 것 같던 두려움 말이다.

　다시금 간호사를 대동한 의사가 나타난다. 이번엔 뾰족한 드릴로 단단한 치아에 구멍을 뚫을 심산인가 보다. 언젠가 길을 가다가 만난 가스 배선 작업이 지금 내 입 안에서 벌어지고 있는 것 같다. 길에 날카로운 칼로 금을 그어놓고 그 선을 따라 단단한 시멘트 바닥에 사정없이 구멍을 뚫던 드릴, 지축이 흔들리는 굉음을 내며 덜덜거리던 그대로이다. 차가운 물 알갱이들과 상아질 파편이 얼굴에 튄다. 그러나 난 어떻게 해 볼 도리가 없다. 주먹에 흥건한 땀이 고인다. 내 치아 한구석에서 달콤한 수액을 빨며 편안한 삶을 원했던 기생충들이 나가떨어지는 소리가 고막을 뚫을 것처럼 처절하다.

　욕심 덩어리들이 떨어져 나간다. 비우지 못하고 쟁여두었던 미련한 생각의 고리들이 뚝뚝 끊어진다. 숨을 쉬기가 곤란해질 때쯤 입안을 한번 헹구라는 천상의 목소리가 들린다. 종이컵에 담긴 물로 입 안을 다 헹구기도 전에 다시 감금을 당한다.

　그러기를 두어 차례, 다른 간호사는 시뻘건 밀가루 반죽 같은 걸 들고 오더니 입 안 가득 밀어 넣는다. 순간 숨이 턱 막히며 야릇한 냄새에 목구멍에서 울컥 뭔가가 치밀고 올라온다. 놀란 간호사가 그것을 떼어내고 입을 다시 헹구고 누우란다. 어찌 할 수 없는 위력에 나는 눈물이 그렁그렁한 채 순순히 드러눕는다.

"숨을 쉬지 말고 혀를 앞으로 쭉 빼세요."

그럼 영락없이 죽는 꼴 아닌가. 죽더라도 숨을 들이쉬고 싶지 않을 만큼 그 냄새는 지독했다. 한데 혀는 앞으로 쭉 내밀어 지지가 않았다. 독하고 괴상한 그 물체에 행여 입 안의 동료들이 다칠세라 부지런히 밀어내려 하고 있었고, 기계를 따라서도 자꾸만 움직였다. 마치 자신이 보호해야 할 의무라도 있는 듯이. 혀 좀 움직이지 말라는 간호사의 명령에도 불구하고 내 의지와 상관없이 혀는 움직여졌다. 양쪽에 뻥 뚫려버린 그 구멍을 메우기 위해 본을 뜰 것이란다. 팥 알갱이만큼만 뜯어서 그 부분만 채워 넣으면 될 것 같은데 남의 사정을 다 봐줄 만큼 간호사들도 한가하지는 않아 보였다. 치아 재료들에 대해서도 입이 아프도록 설명해 준다.

선택의 여지없이 금을 택하고 나니 내가 부자가 된 것처럼 뿌듯하다. 입 안에 금덩어리들을 가득 물고 다니게 생겼다. 만지기만 하면 금이 되어버리는 마이더스의 손처럼 내 입에서는 말만 하면 금이 우르르 쏟아지지 않을까. 오늘은 이걸로 끝인가 보다. 하루 쉬고 다시 나오란다. 한 달쯤 걸릴 것 같은 치료과정을 생각해 보니 벌써부터 아찔하다.

치료를 하는 동안 비어 있는 이 사이로 헛말이 새어 나가지나 않을까. 썩은 이빨 다 치료하고 금니로 채워 넣고 나면 말씨도 금색처럼 고와질까. 치석을 제거하고 반짝거리게 닦아놓으면 향기 나는 말들이 흘러나올까. 바람이 새어들지 않아 주변 사람들에게 따뜻한 말을 건넬 수 있을까.

단디 해라이~

치아가 튼튼해져 남의 말꼬리나 끈질기게 물고 있지나 않을까. 다른 사람의 말을 똑똑 잘라 먹지나 않을까.
　치과 의자에 누우면 말이 순해진다.

제 **3** 부

양 심
거 울

비움

　봉사활동으로 도서관 서가를 정리하다보니 《비움》이란 제목의 책이 눈에 들어왔다. 책을 뽑아 책장을 넘기니 새하얗게 비워져 있다. 그래, 비우려면 이렇게 비워야 해. 나는 몇 번이고 책장을 넘겨본다. 책이라기보다 백지수첩이라는 편이 나을 것 같다. 겉표지에 출판사와 값만 매겨져 있다. 무엇인가 잘못된 것 같다.

　오늘은 우연찮게 비움이란 단어가 자꾸 눈에 띈다. 또 다른 책장에서 일본인의 에세이집 《비움》이 내 손에 잡혔다. 이번에는 글자들이 숨을 못 쉴 정도로 유난히 빽빽하게 들어차 있었다. 페이지의 여백도 없고 글자 크기도 작아서 읽기조차 어렵다. 스르륵 스치듯이 넘겨보니 마음을 비우고 살라는 에세이인 것 같다.

　제목은 같은 비움인데 한 권의 책은 그야말로 텅 비우라는 무언의 메시지이고 또 다른 하나는 글자로 가득 채운 비움의 모순이다.

가득 채워진 비움은 내가 읽어 나 자신의 것으로 옮겨 그 책을 가볍게 해 주어야 할 것인데 한 장을 읽기도 전에 벌써 싫증이 났다. 오히려 백지의 비움이 나에게 많은 생각을 하게 했다. 나에게는 익숙하지 않는 비움이다. 마음은 비워야지 하면서 오히려 더 쌓아올리고 있는 것이 어디 한두 가지인가.

집으로 돌아와 집안을 둘러보니 자질구레한 물건들이 여기저기 쌓여있다. 나는 물건을 버리지를 못한다. 키친 타올을 둘렀던 빳빳한 원통형의 심지는 어지럽게 널린 전선들을 집어넣을 정리함쯤으로, 금이 간 그릇은 야생초 화분으로 쓰겠다며 버리지를 않는다. 옷장을 열어봐도, 냉장고를 들여다봐도 정리되지 못한 것들로 잔뜩 쌓여 있어 얼굴을 찌푸린다. 그중에서도 제일 욕심을 낸 것이 있다면 책이다. 대학생이 된 아이들이 쓰던 교과서며 위인전, 내게 부쳐져 오는 시집·수필집, 아파트 재활용 날 아깝다고 주워온 백과사전 등 우리 집 책장은 넘쳐나고 있다.

나는 책장에 책이 가득찬 집을 제일 부러워했다. 서재의 사면 벽을 책으로 쌓아 책상 하나 달랑 놓고 책 속에 파묻혀 사는 것이 꿈이었던 적이 있었다.

커다란 박스 하나를 가져다 놓고 손이 가지 않는 책들을 정리하기 위해 책장 앞에 섰다. 막상 책을 빼내면 버리지 못할 이유들을 하나씩 달고 책들이 눈을 부라린다.

다음 달이면 또 부쳐져 올 어느 회사의 사보는 표지그림이 너무 좋아 화첩을 만들면 좋겠고, 아직 다 읽지 않은 문학지는 작품을 쓰느라 애쓴 회원에게 미안해서 언젠가는 다시 읽어야만 될 것 같다. 아이들이 읽던

과학백과는 조카들을 위해 놔두어야 한다. 강산이 세 번쯤 바뀌어서 누렇게 변색된 표지로 뻣뻣이 서 있는 세로글씨의 《왕비열전》은 나의 첫 월급을 고스란히 쏟아 부은 책이라서 버리지를 못하겠다. 비워야 다시 채워질 텐데 하나도 버리지 못하고 슬그머니 다시 주저앉히고 만다.

나는 텅 비어 있던 비움보다 빼곡히 들어차 있던 그 책 속의 비움이다. 여백 하나 없이 답답한 모습이 바로 내가 아닌가. 하루생활도 바쁘게 움직여야 살아 있는 듯하고, 옷의 단추도 목까지 다 채워야 단정하다고 느낀다. 아이들을 가르치면서도 시간을 더 채우고서야 끝을 낸다. 어쩌다 하루 수련회라도 다녀오는 날이면 다른 시간을 차용해서라도 기어이 보충을 해야만 직성이 풀린다. 내가 그 완벽한 책을 읽기 싫듯이 아이들은 얼마나 싫었을까. 비우라고 비우라고 소리치면서도 기어이 다 채우고야 끝이 났던 그 책이 내 마음을 대신 보여주고 있다.

내가 살아온 날들이 알찬 날들만 있지 않았을 것이다. 별로 쓸데도 없는 허접한 것들을 가슴속에 차곡차곡 쌓아 정작 들어차야 할 중요한 것들을 받아들이지 못한 것은 아니었을까.

되돌아보면 별것 아닌 일에 분개하고 비관한 일이 많다. 면직원의 실수로 이름이 바뀌었을 때는 부딪혀 바로잡기보다 아무것도 할 수 없을 것이라 여겨 절망만 채워 살지 않았던가.

비운다는 것은 채울 수 있는 여유를 가진다는 뜻이다. 지금은 비워져 있지만 언젠가는 채워갈 그 무엇을 위해 잠시 자리를 내주는 것이 아니겠는가. 가을걷이를 끝낸 황량한 빈 들판도 내년에 빼곡해질 알곡들을 위해 자리를 갈무리해 놓는 것이고, 하얗게 비워둔 수첩에는 일과로 까맣게 채워질 것이다.

　나는 하얗게 비어 있는 한 권의 수첩이고 싶다. 그리운 사람들의 이름도 적을 수 있고, 읽으면 머리가 맑아지는 한 줄의 시도 적을 수 있는 그런 빈 수첩이고 싶다.

1번 자리에 누가 등극할 것인가

　여고 친구들이 모인 자리에서였다. 옆에 앉은 친구가 휴대전화를 꺼내 전화를 하는데 언뜻 보니 화면에 뜬 이름이 '콕지박'이었다. 통화 끝내기를 기다려 수상하다고 하자 남편이라고 한다. 그녀의 남편 이름도 아는 터이고 떠들썩했던 연애사도 알고 있던 터라 우리는 더 의아해 했다. 이른바 '콕지박'은 '콕 쥐어박고 싶은 사람'이라는 그녀의 말을 듣고 모두들 뒤로 넘어간다.

　이참에 우리는 자신의 휴대전화 1번에 등극한 이름이 누구인지를 공개하기로 했다. 내 휴대폰의 1번 주인공은 '신랑'이다. 그것도 얼마 전에야 남편이 직접 눌러 저장한 것이다. 기계치인 나는 휴대전화도 친구들의 닦달에 마지못해 샀다. 통화와 메시지 주고받는 것만 배웠지 1번에 누구를 2번에 누구를 올려야 한다는 것은 몰랐다. 그러니 1번을 꾹 누르고 있으면 나타나는 이는 '강'씨로 서로 전화를 주고받을 일이 거의 없는 사람이었다. 지워도 좋을 사람이 1번에 있다는 것은 부부간의 시빗거리가 된다는 것도 뒤늦게야 알았다. 어떤 이는 그 사소한 일로 이혼 말이 오갈 만큼 심각했다고 한다. 자신이 남편에게 하찮은 존재로 인식된 것 아니냐고 시비를 걸어 일이 커졌다는 것인데 듣다보니 황당하기만 하다.

우리가 공개한 이름은 '여보야'를 줄인 '보야' 부부간은 전생의 원수가 만난다고 '웬수' 좀 더 다정한 '우리 자기' 등 다양했다. 어쨌든 든든한 남편의 애칭이 올라가 있어 안심하고 웃고 떠들었다.

나의 절친한 친구인 N의 전화 1번에는 '존경하는 나의 부처님'이 등록되어 있다. 물론 남편에게로 향한 애칭이다. 처음엔 의아했는데 그녀의 말을 듣고 감탄했다. 내가 아는 그녀는 남편으로 인해 마음고생 몸 고생을 꽤나 많이 했다. 그러다 보니 남편의 이름 대신 '웬수'라고 적어 놓았더란다. 남편에게서 전화가 올 때마다 눈에 띄는 '웬수'는 단순한 글자에 불과했지만 볼수록 남편이 밉고 정말 원수처럼 느껴져 살 수가 없더란다. 그래서 바꾼 것이 '존경하는 나의 부처님'이었다. 독실한 불교 신자인 그녀는 새벽예불에 매일 참석할 만큼 신앙이 깊다. 부처님을 찾는 것보다 더 중요한 것이 가정의 화목이고 더 믿어야 하는 것이 남편이라면 마음을 바꾸어 보리라 결심했다 한다.

처음에는 자신이 깜짝 깜짝 놀랐다고 한다. 전화가 오면 '존경하는 나의 부처님'에게서 오니 황당하고도 우스웠단다. 웃다가 보면 화나는 다음이 가라앉았을 것이고 목소리도 밝아져 듣는 사람을 기분 좋게 만들었을 것이다.

"존경하는 나의 부처님 행복하세요오." 쑥스러웠지만 농담 삼아 건네는 코맹맹이 소리에 서로의 관계는 좋아질 수밖에 없었단다. 어느 날부터 슬그머니 하소연하는 일이 줄어들더니 이제는 남편 칭찬 일색으로 바뀐 것을 보면 말 한마디 글자 하나가 사람마저 변화시킬 수 있다는 것을 느낀다. 애정도 상대적인 것이어서 내가 바뀌니 상대방도 바뀌더라는 그녀의 말에 고개가 끄덕여졌다.

우리네 머릿속에는 첫 번째, 1이란 제일 중요한 것, 최고라는 것을 의미한다. 결과가 1등이 아니면 그동안의 과정이야 돌아볼 것도 없이 간단하게 무시해 버린다. 공부가 그렇고 스포츠가 그렇고 하다 못해 자식까지도 맏이와 둘째는 차이를 둔다. 이렇듯 중요한 1번의 자리에 이왕이면 아내나 남편을 최고 멋진 애칭으로 등극시켜 보면 어떨까. 단언컨대 애정지수가 몇 퍼센트는 증가할 것이다. 더구나 '나의 보물' '영원한 내 사랑' '사랑하는 나의 부처님'이란 애칭을 얻어 1번에 등극했다면 더없이 행복한 사람이다. 그래서 휴대전화를 꺼낼 때마다 그 이름으로 인해 유쾌하고 가슴 설레는 마음이 든다면 성공한 삶이 아니겠는가.

혹시 휴대 전화를 잃었거나 사고를 당했을 때 사람들은 1번을 눌러 연락을 취할 게 분명한데 배우자 아닌 다른 사람이 나오면 그것 또한 낭패가 아닐까. 물론 부모가 1번일 수도 있고 직장이 가장 중요한 번호일 수 있겠지만 말이다.

남편의 전화기에 나는 '본부석'으로 등록되어 있다. 그것이 어떤 의미인지 모르겠지만 분명 중요한 자리 하나를 내게 내어 준 것이라고 생각하기로 했다. 단 한 번도 단축번호 1을 눌러 남편에게 전화를 해본 적이 없는데 오늘은 1번을 길게 눌러 '신랑'을 불러내고 싶어진다.

그 방

　그 방이었다. 내가 스쳐온 시간이 고스란히 담긴 방, 들어앉고 싶었던 방이었다.
　어둠이 채 가시기 전 동지팥죽을 몇 솥이나 끓여낸 절집의 방 아랫목은 쩔쩔 끓어 거무튀튀하게 타들어 가고 있다. 그 열기가 식을까봐 작은 꽃무늬 이불 하나 깔려 객들을 맞이한다. 낯을 가리는 나도 사람들 틈에서 곱은 손을 넣고 엉거주춤 앉았다가 다리를 뻗어 디밀어 넣는다. 서로의 눈치를 보아가며 슬며시 하나 둘 드러누워 발들을 모은다. 나도 기다렸다는 듯 등을 바닥에 대고 눕는다.
　"어이 좋다. 아 시원하다. 여기가 바로 황토 찜질방이네."
　한 마디씩 하고는 왁자하니 웃는다. 모두가 같은 마음이었던 것이다.
　방에는 천장에서 내려온 두 줄의 동아줄에 빈 횃대 하나 걸려 있다. 두 손아귀를 둘러야 될 만큼 실한 통대를 잘라다 매어놓은 것이다. 벽에는 흙만 겨우 가릴 정도로 얇고 누렇게 빛바랜 한지를 발라 두었다. 그것마저도 군데군데 신문으로 땜질을 해 놓았다. 누워서 가만히 지나간 세월을 읽는다. 매일 접하던 그때는 몰랐지만 몇십 년 전 그날에 이런 일들이 있었구나 하며 새삼스러워 한다. 우리가 지나쳐온 길이 누렇게 변색이 되어 읽히고 있다. 나는 과거를 다시 되돌리려는 듯이 한 구절도 빠뜨리지 않고 착실히 읽어 내려간다. 그 방의 역사를 엿보는 듯 쾌감 같은 걸 느낀다. 세간이라야 윗목에 이불을 얹을 만한 조그만 궤짝 하나 댕그라니 놓였다.

낯익은 방이다. 몇 년 전 아버지가 시골집을 처분하고 도시의 아들네로 옮겨 가면서 나는 내 어릴 적의 작은 방에 대한 기억들조차 정리해 버렸다. 아니 잊었다고 생각했는데 그게 아니었나 보다. 꼭 같은 방을 만나고 보니 갑자기 간절해졌다.

빨간 깃을 단 까만 무명 이불 한 채 깔려 있던 방에는 옹기종기 형제들이 서로 아랫목 이불 한 자락을 차지하려 당기는 바람에 여기저기 실밥이 터져 솜이 비어져 나와 매일 꿰매다시피 했다. 횃대에는 외출에서 돌아온 아버지의 두루마기도 반으로 개켜져 걸리고, 우리들이 입던 외투도 던져지다시피 걸리었다. 구김살 하나 만들지 않고, 흔들림 없이 굳건히 매달려 있었다. 시장 포목점에서 떠온 횃댓보의 노란 꽃 넝쿨 그림이 너덜거리는 옷들을 가리느라 불룩하게 배를 내밀고 있었다.

그 방은 이야기가 깃들어 있는 방이었다. 우리들이 따뜻한 아랫목을 서로 차지하려고 이불을 가지고 장난을 칠 때도 어머니는 윗목에서 호롱불 심지 돋워가며 양말을 꿰매며 옛이야기를 차지게 해내어 꾸중을 하지 않고도 조용히 만드는 재주가 있었다. 간간이 울어대는 부엉이 울음에 화답이라도 하듯이 구전민요 가락을 낮게 읊기도 하면서 한숨을 쉴 때도 있었지만 그것까지 다 헤아리지는 못했다. 내 어머니의 옛이야기를 들으려는 친구들까지 데려다가 서로 엉키어 밤을 새는 일도 흔해서 비좁았지만 마음만은 더 넉넉했다.

아린 맛이 채워져 있던 방도 그곳이었다. 우리들 발길질이 거칠어질 때쯤이면 삶은 고구마 한 소쿠리와 살얼음 얹힌 동치미 한 대접을 가져와서 내밀었다. 시원한 동치미 국물과 고구마 한 조각으로라도 배를 채워야 쉽게 잠들 것을 알았던 것이다. 그것도 모자라면 땅속 짚둥우리 저장고에서 무를 꺼내왔다. 샛노란 떡잎이 꽃잎처럼 붙어 있던 무였다. 무의 맛이 무슨 맛이 있었을까만 껍질을 벗겨낸 시리고 사각거리는 그것조차 그때는 좋은 군것질감이었다. 많이 먹은 날이면 매운 트림을 해대며 속이 따가워 질금질금 눈물을 흘렸다. 어머니는 가만히 등을 쓸어주거나 손바닥을 따뜻하게 해서 배를 살살 문질러 줄 뿐 탓하지도 않았다.

또한 그 방은 우정이 끓던 방이기도 했다. 밤새 호롱불 밑에서 화투를 치다 소변이 마려워도 무서워 뒷간에는 못 가고 소죽솥이 걸려 있는 방문 앞의 아궁이 앞에 퍼질러 앉아 쉬를 하고는 했다. 새벽녘이면 콧구멍이 시커멓게 변했다며 서로를 쳐다보고 웃기도 했다. 어린것들이 노름을 한다며 혼이 나고도 남을 일이지만 부모들은 모른 척 슬그머니 넘겼다.

나는 항상 춥다. 남들은 짧은 옷을 꺼내 입을 초여름까지도 방한복을 벗지 못하는 나를 두고 가슴이 허해서 그럴 것이라고 한다. 이 산골의 어둠 속에 침잠하여 밤새워 이야기를 나누면 원인을 알 수 없는 허허로운 가슴속이 채워질 수도 있지 않을까. 어쩌면 그 시절로 돌아가 볼 수도 있을 것 같다. 가진 것이 없어도 원기소를 챙겨먹은 것처럼 든든해 밤을 꼬박 새우던 그때로 말이다.

나는 꼭 하루를 쉬어가야만 되는 것처럼 마음이 급해져 준비 없이 온 일행을 졸랐다. 내 마음을 눈치챈 듯 말없이 빙그레 웃고만 있던 방주인인 스님이, 나무만 해 오면 언제든 쉬어가도 좋다고 한다. 나는 방을 빌리고 싶은 마음에 아무 생각 없이 나무를 해오겠다고 했지만 아무래도 오늘은 어려울 것 같다.

머잖아 이루어질 과거와의 해후를 위해 나는 한동안 설레는 가슴을 안고 보낼 수 있을 것이다. 내 기억 속의 작은 방으로 친구들을 부르면 먼 곳에서 달려와 줄까. 따끈따끈한 온돌방이면 준비는 충분하다. 오히려 텅 비어 좋은 곳, 잡다한 일상은 잠시 접어두고 아랫목에 발 넣고 판죽을 걸던 때로 돌아가고 싶다. 그러면 시린 마음 대신 여러 사람 발 디밀고 누울 수 있는 뜨끈한 마음 방 하나를 내 안에다 들여놓을 수 있을 것 같기도 하다.

복조리

　우리 집에는 복조리가 몇 벌 있다. 연말이 가까워 오면 방학을 맞은 학생들이 용돈이라도 벌어 보겠다며 가지고 오는가 하면, 장애인이 자립의 의지로 팔러 다니기도 한다. 이웃 노인정 할머니들이 약간의 기름 값이라도 모으겠다며 가지고 오기도 하는데 다들 거절할 수 없었다. 내 곁에 모인 복조리들을 한데 묶어 현관 입구에 두고 있으니 집에 복이 가득 들어올 것 같다.
　같은 길이와 넓이의 정갈한 대나무 속살로 씨줄과 날줄을 정교하게 엮어낸 모양 좋은 조리는 이웃들이 모여 정담을 나누며 엮어낸 인정의 연결고리 같아 좋다.
　내가 이렇게 복조리를 사 모으는 것은 어쩌면 어린 시절에 겪은 정월 보름날의 정겨웠던 모습 때문인지도 모른다.
　우리 부모는 아들을 얻기 위해 고향을 떠나 타향의 씨족 마을에 터를

단디 해라이~

잡았다. 거기다 아쉬운 말 한마디 못하는 성격인지라 꽤나 까다로운 마을 사람들 속에 쉽게 스며들지 못했고 부쳐먹을 변변한 땅 한 뙈기 없어 고초를 겪었다. 그런 외로운 마음을 알았던지 방물장수들은 해만 지면 우리 집으로 모여들어 잠을 청했다.

우리 집이 제일 마음 편하다며 밥을 나누어 먹고 잠을 자고 팔다 남은 명태껍질포 같은 것을 더러 두고 가기도 하였다. 어머니는 잘사는 집에 찾아들면 잘 얻어먹을 것을 좀 더 잘해 주지 못하는 것을 항상 미안하게 생각했다. 씨족들만 똘똘 뭉쳐 사는 위세 당당한 그 마을에서 살아남는 방법은 넉넉지 못한 살림이지만 인정을 베풀고 성실하게 사는 것임을 알았다.

해마다 정월 대보름날 아침이면 우리 집에는 대나무 조리를 든 이웃 아이들이 몰려들곤 했다. 어머니는 복조리마다 꾹꾹 눌러 밥을 담아주며 한 해의 복을 빌어 주었다.

그날은 타성他姓 석 집의 밥을 얻어먹으면 복을 받는다는 날이다. 아마도 씨족 마을이 대부분이었을 당시에, 성이 다른 이들과의 정을 쌓기 위한 방편으로 누군가에 의해 만들어진 말이겠지만 이날만큼은 우리 집에도 사람이 북적대었다. 어머니는 아무리 어려워도 보름날에는 오곡밥을 한 솥 그득히 지어 이웃을 위해 푹푹 퍼내었다. 마치 복을 전해 나르는 전령사나 된 듯이.

사람 사는 모양새도 찾아오는 행복도 각기 다른 탓인지 복조리도 제각각이다. 대나무 속껍질로 만든 것도 있고 싸리 속대로 엮은 것도 있고 짚에다 색을 입혀 몇 줄 넣은 것도 있다. 울긋불긋 화려한 복조리에는 복주머니, 노리개도 달렸다. 녹의홍상 갖춰 입고 갓 시집온 새색시의 가슴 설레는 마음이다. 깔끔한 새댁답게 뒷마무리도 야무지다. 대나물 겉껍질을 잘게 쪼개어 만든 조리는 푸근한 내 이웃의 지혜와 후덕을 담은 것같이 큼직하다. 싸릿대로 엮은 복조리는 투박하여 질긴 인고의 삶을 살아온 시골 어머니의 손을 떠올리게 한다.

그중 내가 좋아하는 것은 하얀 산죽 속살로 만든 조리다. 예쁜 복주머니가 달린 치장도 없지만 그저 보리쌀 한 줌이라도 공들여 일어내던 우리네 어머니 마음씨 같은 정결함 때문이다. 겉으로 드러나는 화려함보다 내면에 스민 순수한 행복을 바라기 때문이라 해도 좋겠다.

행복이라는 것이 무얼까. 내가 삶의 어려움을 하소연이라도 할라치면 어머니는 항상 이렇게 말하였다.

"세상의 복 다 가지려 하지 마라. 가족들이 건강하면 다른 것들은 좀 모자라도 괜찮다."

하며 주저리주저리 어려움에 처한 이웃들의 이야기를 늘어놓는다.

넘치지도 모자라지도 않을 만큼의 행복, 이것이 혹 복조리 행복이 아닐까. 조리는 크지도 작지도 않아 두어 주걱 밥만 퍼 담으면 인정 나눔으로는 그만이니까.

아래로는 물이 잘 빠지게 만들어서 설렁설렁 흔들기만 해도 무거운 돌은 가라앉히고 위로는 곡식 알갱이를 건져내는 지혜를 담고 있다. 수많은 쌀알을 일 듯이 한 해의 행복을 일어보려 복조리라 불리었을 것 같다.

행복하다는 것은 자기 만족의 다른 표현이 아닐까. 나는 스스로에게 물어본다.

단디 해라이~

"너는 행복한가?"

맑은 바람에 종알대는 새소리 들을 수 있는 육신을 가지고 있고, 어떤 허물이라도 함께 이야기 나눌 수 있는 친구가 옆에 있다. 호주머니 속에는 남에게 구걸하지 않을 정도의 지폐 몇 장도 손에 잡힌다. 아프면 관심 가져 줄 가족이 있고, 세상사에서 놓여나고 싶을 때 머리 누일 수 있는 공간도 있다.

여기에 더 무엇을 바란다는 것은 욕심일 것 같다.

눈높이 사랑

학교에서 돌아온 아들 녀석이 신발을 급히 벗으며 달려 들어온다.
"엄마, 뉴스 하나, 오늘 우리 선생님이 한턱내셨어요."
말을 잘 하지 않는 아이들에게 학교뉴스 세 가지를 말하기로 정한 것 때문에 의무로 그러는 줄 알았다. 그런데 아이는 정말 신기한 일도 다 있다는 듯이 뉴스를 전했다.
담임선생님이 옆 반 교실에서 알사탕을 하나 얻어 들고 오니 아이들 시선이 선생님 손에 다 모였고 군침을 흘렸다고 한다. 한 용감한 아이가 사탕을 달라고 떼를 썼고 급기야 여기저기서 손을 내밀었다. 난감해진 선생님은 쉰한 개의 알사탕을 사와 골고루 나누어 주었다. 학급 전체가 볼이 터질듯 진한 사랑을 입에 물고 벙어리 노릇을 해가며 우물거렸다는 것이다. 보지 않아도 열 살배기 고운반의 달콤한 분위기가 그려진다. 며칠 전에는 반 아이가 떡 몇 조각을 싸왔는데 그것도 조금씩 나누어 먹었다는 이야기도 덧붙였다.

비록 작은 사탕 하나 떡 한 조각이지만 거기에는 많은 것을 담고 있다. 공평한 사랑을 받고 있다는 느낌이, 손 닿을 수 없이 높아 보이는 선생님도 똑같이 사탕을 좋아할 수 있다는 공감이, 작은 것 하나라도 나누어 먹어야 한다는 사랑이 왕사탕 하나에 실려 다 전달되었으리라. '거류산 호랑이' 라는 별명을 갖고 계신 선생님이 엄청난 선물을 했던들 아이들이 그렇게 좋아했을까.

'아이들과 눈높이를 맞추라' 는 말을 요즘 자주 듣고 있지만 실천하기는 어렵다.

어디선가 이런 글을 읽은 적이 있다.

한 어머니가 다섯 살짜리 아들에게 크리스마스의 즐겁고 아름다운 거리를 구경시켜 주기 위해 데리고 나섰다. 캐롤송이 신나게 흘러나오고 호화로운 쇼윈도며 진열된 장난감이 아이를 기쁘게 해 주리라 생각했다.

그런데 한참을 거닐다 보니 아들이 어머니의 코트에 매달려 울고 있었다. 신발 끈이 풀려 있는 것을 발견한 어머니는 무릎을 꿇고 앉아 풀린 신발 끈을 다시 매 주었다. 그리고 고개를 든 어머니의 눈에는 그렇게 멋있는 광경은 아무것도 보이질 않고 굵은 다리와 엉덩이들에 밀고 부딪치는 흉한 모습뿐이었다. 다섯 살 아이의 눈높이로는 처음 본 세상에 놀라 돌아오면서 다시는 자기를 기준으로 한 즐거움을 아이에게 강요하지 않겠다고 다짐했다.

내가 아들의 나이였던 초등학교 이 학년 때의 담임선생님을 잊지 못하는 것도 눈높이를 우리 수준에 맞추려던 모습을 보았기 때문이다.

선생님은 제일 먼저 오셔서 청소를 해 놓고 창가 맨 앞 아이들 자리에 앉아 계시다가 등교하는 순서대로 연필을 깎아 주셨다. 수업 종이 울릴 때까지 새까만 손잡이의 끝 무딘 작은 칼로 학생들의 연필을 깎고 또 깎았다. 시골의 바쁜 부모를 대신해서 제자들의 여린 손이 다칠까봐 손으로 일일이 깎고 다듬어서 쥐어주고 몽당연필은 다 쓴 볼펜 껍질을 얻어두었다가 끼워주셨다.

그뿐이 아니었다. 선생님은 복도 끄트머리나 햇볕이 드는 창 쪽의 의자에 일일이 앉아 보고 햇살에 빛이 반사되지나 않는지 글씨가 잘 보이는지를 아이들 눈높이에서 보았다. 자주 자리 이동을 하였지만 칠판이 고루 잘 보이게 하기 위해서였다는 것을 아이들이 알았던지 말없이 따라 주었다.

지금은 두어 번 돌리기만 하면 매끈하게 고루 깎이는 연필깎이가 나오고 한반 아이들 수가 그때의 절반에도 미치지 못한다. 선생님의 눈높이 사랑이 훨씬 더 수월해져서인지 감동할 일도 드물다.

난로 하나 없던 교실에서 곱은 손으로 연필 깎던 그 선생님이 생각나면 나는 기계가 아닌 손으로 연필을 깎아 본다. 연필 깎는 작은 칼이 없어 과일 깎는 칼로 깎아서인지 연필심이 툭툭 잘 부러진다.

사탕 하나로 아이들의 얼굴 가득 웃음꽃을 피워주신 선생님은 아들의 기억 속에 오래 남아 있을 것이다. 엄마와 아들이 선생님 자랑에 열을 올릴 수 있어 행복한 날이다.

단디 해라이~

노부부의 사랑법

 교통사고로 병실 침대 한 칸을 차지하고 누운 지 며칠째 되는 날, 비어 있던 옆 침대에 할머니 한 분이 들어왔다. 긴 주사 줄이 매달린 폴대의 발목쯤을 부여잡고 하루 종일 종종거리고 다녀 우리 병실 사람들이 발발이 할머니라고 별명을 지어 주었다. 할머니 허리는 직각보다 훨씬 더 구부러졌다. 키도 작달막하고 약해서, 반으로 접힌 종이 짝을 보는 것 같다.
 처음 그 할머니가 우리 병실에 커다란 이불 보퉁이와 온갖 잡동사니를 한 아름 안고 들어왔을 때는 모두들 얼굴을 찡그렸다. 쿨럭거리는 기침소리, 가르릉 거리는 가래에 슬리퍼까지 딸딸 소리를 내며 끌고 다녔기 때문이다. 첫새벽부터 부스럭부스럭 쓸고 닦고, 심지어 침대 밑에 들어가 침대를 받치고 있는 쇠기둥까지 닦아내느라 부산스러워 환자들의 잠을 방해했다. 환자들은 늦도록 자고 가져다주는 밥 한술 억지로 뜨고 나면 물리치료를 받거나 다시 잠을 청하는 것이 습관으로 굳어지는데 할머니는 달랐다.

발발이 할머니는 누가 뭐라고 하든 개의치 않고 부지런히 쫓아 다닌다. 고꾸라질 듯이 휜 허리를 이끌고 또 나선다. 마주하고 있는 남자 병실의 남편을 세수시키려 가는 길이다.

팔순을 훨씬 넘긴 할머니는 오랜 세월 중환자인 남편을 돌보다 기어이 혼절해버렸단다. 그래서 우리 병실에 입원을 한 것이다. 링거를 맞고 조금 정신이 든 다음에는 휴식을 취할 겨를도 없이 다시 할아버지 병시중에 매달린다.

미수의 할아버지는 하반신을 쓰지 못하는 중병을 앓고 있다고 한다. 아주 가끔씩 휠체어를 밀며 할머니를 찾는 일이 있다. 침이 줄줄 흐르는 줄도 모르고 웅얼웅얼 신음소리를 내어가며 힘겹게 문 앞에 와서는 할머니가 있는지 확인을 한다. 할머니가 눈 안에 들어오면 씩 웃는 것으로 사랑표현을 대신한다. 행여나 할머니가 자신을 버리고 떠날까봐 불안해서 잠시라도 보이지 않으면 엉덩이를 밀고 침대에서 구르듯이 내려온단다. 침대에서 떨어질 것 같은 돌발 행동은 주변 사람들을 늘 긴장시킨다고 한다.

할머니는 작은 몸으로, 덩치 좋고 혈색 좋은 거구의 할아버지 대소변을 받아내고 씻기고 닦는다. 지칠 만도 하건만 할아버지를 향한 눈빛은 더없이 따뜻해 보인다.

"할아버지가 그렇게도 좋으세요?"라고 물으면

"영감 안 좋은 사람이 오데 있노." 하면서도 부끄러운지 "여태껏 살아온 정이지 뭐."라면서 대수롭지 않게 받는다.

단디 해라이~

젊었을 적에는 남편의 폭력에 시달렸다는데 한평생을 살다보면 그런 것도 남의 이야기처럼 느껴지는지 별일 아닌 것처럼 넘어가는데서 노부부의 사랑을 볼 수 있다. 크고 모난 바위들이 숱한 세월 비바람에 깎여 둥글어지듯이 애증도 세월 앞에선 변하는 것일까. 오히려 지금이라도 자신이 필요하다고 말해주는 남편이 고맙다고 한다. 할아버지 역시 숱한 어려움을 같이 겪어낸 부인에게 고맙고도 미안한 마음뿐일 것이다.

몇 달째 병원 신세를 지는 노부부에게 한 번도 나타나지 않는 며느리에 대해서도 일언반구 원망하는 그림자도 나타내지 않는다.

행여 누가 자식들이 멀리 있어 못 오는지 물어보기라도 하면

"우리 며느린 이런 일 할 사람이 아니요."

한마디로 일축을 해버리고 다른 곳으로 화젯거리를 돌리는 할머니에게서 더는 며느리에 대한 말을 얻어 듣지 못한다. 할머니의 말투로 보아서 그 며느리는 대소변을 받아내는 일 같은 건 절대로 시킬 수 없는 우아하고 지적인 여인일 것이라 추측하게 만들었다.

똑같은 말이라도 하는 사람의 억양이나 높낮이에 따라 주체가 높아지기도 하고 하찮은 사람으로 낮추어 지기도 하는 것을 이 할머니에게서 배운다.

언젠가 한번 훤칠하게 잘생긴 오십 줄의 아들이 찾아와서 아버지를 끌어안고 서럽게 눈물을 쏟고 갔다는 말을 병실 사람에게서 들었다. 남의 도움 없이는 한 발짝도 움직이지 못하는 아버지에 대한 애잔함과 그런 아버지를 간호하지 못하는 자신과 부인의 잘못을 속죄하는 마음이 아니었을까. 그런 아들이 안쓰러워 늙은 어머니는 그 짐을 덜어주고자 남편에게

더 잘하게 되었을 것이다. 어쩌면 바랄 수 없는 자식보다 서툴지만 서로에게 힘을 보태는 것이 더 현명하다는 것을 알았는지도 모른다.

우리 병실이 할머니에겐 짬을 내어 잠시 눈을 붙이러 오는 곳에 불과하다. 남자와 여자의 병실 구분만 되어 있지 않으면 할아버지 옆자리에 입원을 했을 것이다. 젊은 사람도 감당하기 힘든 간병을 하면서도 도무지 싫은 내색이 없다. 남편도 남이 해 주는 것은 싫다 하니 어쩔 도리가 없단다. 밤늦게 잠자리에 들어서도 허리조차 펴지 못하는 할머니의 처지가 나의 눈에는 눈물겹게 여겨지는데 할머니는 하회탈처럼 웃고 있다.

얼마나 긴 세월을 함께 살아야 남편과 자식의 허물도 모두 내 잘못이라는 것을 깨닫게 되는 것일까. 얼마나 사랑해야만 미움도 증오도 모두 증발되어 순수한 증류수 같은 저런 미소를 찾을 수 있을까.

나는 자리에서 일어나 슬그머니 남의 침대 옆에 떨어진 병뚜껑도 주워서 쓰레기통에 넣어보고, 거동이 어려운 할머니의 물을 대신 떠다 주어도 본다. 어느새 발발이 할머니를 따라하고 있는 나를 발견하고 웃음이 나온다.

신경나무
— 미모사

드디어 폭죽이 터졌다. 며칠째 수류탄 모양의 꽃봉오리들이 맺혀 궁금증을 자아내게 하더니 축포를 쏘아 올리듯 꽃을 피워 낸 것이다. 하늘하늘한 연분홍 수술이 이마를 맞대고 일제히 고개를 들어 올렸다.

"이게 신경나무라는 것인데 잘 키워봐라. 신경질적이지만 꽃은 이뻐."

새끼손가락 길이의 묘목 포트를 내 손에 쥐어 주던 친구 얼굴이 떠오른다. 남편과 사별하고 멜론 농사를 지으며 두 아이를 잘 키워냈다는 그녀를 사십여 년 만에 만난 것은 총동문 화합잔치가 열리던 날이었다.

그날 저녁, 학교에서 가깝다며 자신의 집으로 나를 데려갔다. 집만 나서면 한잠도 이루지 못하는 성미인데 어찌된 일인지 그 집에서는 편히 잠을 잘 수 있었다.

새벽녘에 눈을 떴을 때 그녀는 이미 일을 하러 나가고 없었다.

할 일 없는 나는 그대로 한참을 누웠다가 밖에서 두런두런 이야기 소리가 들렸을 때야 일어나 나가 보았다. 멜론 밭에 다녀온 성싶은 친구는 빗물 떨어지는 처마 밑에서 노인 한 분과 모판에 볍씨를 골고루 뿌려 물에 담갔다 들어내는 작업을 하고 있었다. 치매에 걸린 그녀의 아버지란다. 딸을 돕는다는 것이 모판을 뒤집어 씨를 뿌려놓아 두벌일을 시켰다. 친구는 멜론농사를 지으면서 치매에 걸린 아버지를 돌보느라 잠시도 자유로울 틈이 없는 듯했지만 옆에 아버지가 계시는 것만으로도 힘이 솟는단다. 특별할 것도 없는 일상에서 행복을 찾아 낼 줄 아는 지혜를 가진 그녀를 다시 보게 했다.

일을 끝내고 수건으로 몸을 툭툭 털며 그녀가 나를 안내한 곳은 화분이 가득 찬 마당 귀퉁이였다. 그녀만의 화원에는 새싹이 돋고 꽃봉오리가 맺히고 작은 생명들이 꼬물거리며 자라고 있었다. 힘든 일이 있으면 꽃과 눈을 맞추고 하소연을 한단다. 꽃씨는 받아두었다가 틈틈이 모종을 만들어 이웃에게 나누어 준다고 한다. 올해도 많이 만들어 두었다며 나에게도 얼마든지 골라 가지라고 한다. 그중에 신경나무가 섞여 있었다. 살짝 건드리자 움찔하며 관절을 굽히듯 줄기는 아래로 푹 꺾고, 잎은 오므라들었다. 다음 명령을 기다리는 듯 차려 자세를 취했다. 신기한 나무라 심심하지는 않을 거라며 나에게 몇 개를 안겨 주었다.

신경나무를 가지고 온 날부터 나는 부엌 창틀에 얹어놓고 매일 들여다보며 장난을 쳤다. 툭 한 번 건드려 놓고 쌀을 씻고, 팔을 쭉 펴고 휴식을 취하면 물을 부어 급히 몸을 움츠리게 해 골탕을 먹였다. 재미있었다. 영양분은 주지 않고 물만 부어 주었다. 그러다 어느 순간, 어쩌면 친구는 일부러 나에게 신경나무를 들려 보냈을지도 모르겠다는 생각을 했다.

단디 해라이~

이름은 나무지만 나무도 아니고, 그렇다고 관상용 꽃으로 키우기엔 꽃대궁이 너무 약하며 꽃망울도 오래가질 못했다. 더구나 가시까지 달고 있지 않은가. 한꺼번에 많은 꽃을 활짝 피우지 않으니 안개꽃처럼 주변을 받쳐주는 조연 역할도 할 수 없다. 쉬엄쉬엄, 하나가 떨어지면 다음 꽃을 피웠다. 옆으로 풍성하게 가지를 늘리지도 않았다. 앙상하게 수직으로 곧추세운 몸에 자잘한 가시를 달고 누군가 조금만 건드려도 예민하게 반응하는 것이 꼭 내 모습이 아닌가.

나도 작가라는 이름은 달고 있지만 변변한 글 한 편 제대로 짓지 못했다. 몸이 허약해서 가족들 애를 태우고, 신경은 예민해서 조그만 일에도 고민을 하느라 불면의 밤을 보내는 것이다. 다른 사람에게 행여 누가 될지도 모른다는 생각에 쉽게 다가오지도 못하게 잔가시를 달고 데면데면 굴었다.

친구는 못난 내 모습만 깨닫게 하기 위해 신경나무를 들려 보낸 것은 아닐 것이다. 양분이 없어 가냘프고 키만 삐죽 큰 신경나무가 조롱조롱 꽃봉오리를 맺는 것이라든가 대궁이 약해 쓰러질 듯하면서도 생의 모든 힘을 다 끌어모아 필사적으로 꽃을 피우는 집중력 같은 것을 보여주고 싶었는지도 모른다. 지지대에 의지하여 기어이 폭죽 같은 꽃을 터뜨려 내는 열정을 일러주고 싶었을까. 언젠가는 나도 꽃을 피우는 보람을 맛볼 수 있다는 것을 넌지시 알려주려 했는지도 모른다.

신경나무 꽃은 나에게 보내는 축하 메시지이자 팡파레가 분명하다. 그것을 보고 있노라니 내가 부끄러워진다. 나는 언제 내 모든 정열을 쏟아부어 집중해 본 적이 있었던가. 환경 탓만 하면서 미리 겁내고 스스로 좌절했다. 자신 없는 마음에 관조하는 자세로만 세상을 살아왔다. 그것이 겸손이라 생각했고 양보며 아량이라 스스로에게 우겼다.

척박한 환경을 탓하지 않고 작은 꽃을 피우는 나의 친구나 신경나무처럼 나도 최선을 다했더라면 옹골찬 꽃송이를 터뜨릴 수 있었을 것인데 말이다. 이제는 수필이라는 꽃을 활짝 피워보리라. 내 글 한 줄이 읽는 이의 가슴을 울릴 수 있다면, 나로 인해 한 사람이라도 더 좌절의 늪에서 헤어나 축포를 쏘아 올릴 수 있는 날이 온다면 나는 기꺼이 내 열정을 다하고 싶다. 긍정은 천하를 얻는다고 했으니 이제라도 그 힘을 믿어 보려 한다.

양심거울

사람 눈길이 미치지 못하는 곳에는 잡동사니가 쌓이기 마련이다. 아파트 경비실 뒤편이 그런 곳이다. 그곳에는 집에서 외면당한 물건들을 모아두는 수거함이 있고 청소도구들이 있다. 후미지다 보니 관리하는 사람들 눈을 피해 슬쩍 가져다 놓는 폐품들로 주변은 너저분할 때가 많다.

그 곁을 지나치다가 내 눈에 띈 양심거울도 마찬가지다. 때때로 주인의 안색을 살피고 매무새를 바로잡아 주어 사랑을 받았을 커다란 반원형 거울이었다. 아래에 튼실하게 조각된 원목까지 붙어 제법 괜찮은 물건이었다. 아침 등산을 하느라 지나갈 때마다 눈길이 갔다. 며칠 지난 어느 날 아침에 보니 거울 이마에 '양심거울'이라는 큼직한 글씨가 쓰여 있었다.

경비 아저씨가 써 놓은 것 같다. 누구에게로 향한 호소문인가. 거울을 뚝 떼어 몰래 갖다버린 거울 주인을 향한 일침인가. 쓸모없는 것들을 슬그머니 버리는 아파트 주민들에게 내리는 경고문인가. 그것도 아니면 혼탁한 세상에 한 번쯤 양심을 돌아보자는 뜻일까. 오고 가는 사람들이 맵시만 비춰보지 말고 마음도 살피라는 것인지 갖가지 생각들이 스쳐갔다.

　처음에 그 글귀를 쓸 때는 단순히 거울 주인에게 버린 물건을 되가져 가라는 뜻이었을 것이다. 하지만 오가는 사람들이 그 글귀로 인해 한 번이라도 나처럼 걸음을 멈추어 자세를 가다듬는다면 그 어떤 선각자의 교훈보다 값진 문구가 될 것이다.

　양심은 무엇이며 어디에 위치하고 있는가. 양심이 선한 마음이라면 생각하는 머리에 있는가 가슴에 있는가. 나쁜 일을 하면 심장이 먼저 뛰는 것으로 보아 심장에 있는 것 같다.

　호기심이 생겨 가던 걸음을 멈추고 서너 발자국 뒷걸음질을 쳐 거울에 새삼스럽게 내 모습을 비추었다. 벽에 비스듬히 기대고 있던 거울에 비치는 것은 묘하게도 얼굴도 다리도 아니고 심장 부위였다. 거울의 위치가 그래서였을까 가슴이 두근거렸다. 가만히 보고 있자니 내 마음에 께름칙하게 남아 있던 일이 양심거울에 꾹꾹 찍히는 듯했다.

　음식물 쓰레기를 버리려다 순간적으로 비닐봉지까지 놓쳐버리고 난감해 하다가 그냥 지나쳐 왔던 일이 있었다. 어떻게든 끄집어냈어야 한다는 양심의 소리와 통 밑바닥에 떨어져 다시 들어내기가 어려웠다는 합리화를 위한 위선의 소리가 싸우느라 쿵쾅대는 듯했다. 선명하게 찍어두었다가 보여주는 것이 양심의 모습이 아닐까 생각되었다. 내가 알게 모르게 저지른 잘못이 어디 이뿐일까. 나는 또 다른 치부를 들킬까봐 얼른 양심거울에서 물러섰다. 그리고는 시침을 뚝 떼고 그곳을 벗어났다.

　청동기 시대에도 존재했던 청동거울의 용도에 대해 생각해 본 적이 있다. 청동거울에 유리가 붙었을 리 없고 조각까지 새겨져 있어 거울로서의 역할이 가능할지 몹시도 궁금했다. 청동거울은 야무지게 닦아 거울로서 뿐만 아니라 태양의 빛을 한곳에 모아 반사하도록 해서 사람들로 하여금 강력한 힘을 믿게 하는 주술적 의식에도 사용되었다고 한다. 정말 주술에 걸린 것처럼 잘못한 일이 툭툭 불거져 나오는 오늘 일을 겪고 나니 청동 거울을 지니고 있는 것만으로도 양심거울이 될 것같이 여겨진다.

거울은 자신을 되비추어 보여준다. 있는 그대로를 반영해 자신을 가꾸게 한다. 내가 여태껏 거울에 비춰 본 것은 화장을 하고 옷매무새를 바로 잡는 겉모습이 전부였다. 양심은 자신의 마음속에서만 존재해 일부러 꺼내 보이지 않으면 남에게 보이는 일 따위는 없을 것이라 여겼다. '양심' 이란 글자 하나로 인해 그렇게 쉽게 드러날 걸 알았다면 좀 더 신중하게 행동하지 않았을까. 아침에 눈뜨면 비춰보는 거울에서부터 엘리베이터 안의 거울, 자동차의 백미러까지 수도 없이 거울을 보지만 마음속에 작은 양심거울 하나 마련하지 못하고 살아온 것 같아 부끄럽다.

유리 뒷면에 수은 한 겹 덧붙은 것뿐인데 그대로 투과해 버릴 빛을 나에게로 반사하는 것이 거울이다. 이제라도 마음속에 양심을 입힌 거울을 두어 양심이 허락하지 않는 것은 통과시키지 않고 나를 살펴보는 기회를 갖는다면 이 공동체가 따뜻해 질 수 있을까.

양심을 간직하고 있으면서 모른 척하고 사는 동안 세상은 쓰레기장으로 변해가고 양심을 감시하기에 이르렀다. 양심거울 대신 감시 카메라에 시시각각으로 나를 비추고 살아가자니 괜스레 몸이 움츠러든다.

인생은 숫자놀음

　통장정리기에서 뽑아 낸 통장에서 숫자들이 열을 지어 나를 본다. 네가 나에게 얼마나 의지를 하며 살았는가 보란 듯이. 한 달을 살아낸 흔적들이다. 남편이 화낼 일도 삭여가며 일한 대가가 숫자 몇 개로 박혀 있고 그 뒤를 이어 거기에 매달려 살아온 우리들의 생활사가 숫자로 나타나 있다. 통장에서 노력의 대가를 빼내기 위해서도 숫자가 필요하다. 통장번호를 알아야 하고 비밀번호도 불러야 한다.
　세상과의 연결고리 역할을 했던 전화요금이 빠져나가고, 밥 지을 때 쓴 가스, 아파트의 관리비, 적금, 노후를 위한 보험료 까지 숫자 하나에 매달려 떨어져 나간다.
　언제부터인가 사람이나 이름 대신 주민등록번호가 우대를 받게 되었다. 그 번호 하나가 이름은 물론 나이, 성별, 사는 곳 등 열네 개의 개인정보를 판별해 낼 수 있는 기능을 가지고 있다고 한다. 그러니 그 고유 번호에 생을 걸 수밖에. 내 삶이 그렇게 많은 것들에 엮여 있다니 참으로 놀랄 일이다.

숫자에 매달리다 보니 주민등록증이나 비밀번호를 잃어버려 황당한 일을 당하는 일은 또 얼마나 많이 일어나는가.

숫자는 참 기이하다. 0부터 9까지의 숫자 열개로 인간을 마음대로 조종할 수 있는 무한한 힘에 감탄을 해 본다. 억대의 재산가들은 0이란 숫자 하나를 덧붙이기 위해 땀 흘리고, 숫자 하나 더 늘리기 위해 손가락질받는 일도 스스럼없이 행한다. 그것을 얻기 위해 사람의 목숨까지도 하찮게 여기는 사람을 종종 본다.

학생은 학번이 쓰인 이름표를 달고 군인은 군번으로 많은 걸 대변한다. 차에도 고유번호가 붙어야 하고 내 집의 문에도 몇 동 몇 호가 붙어야 하고 그 문을 들어가는데도 숫자를 눌러야만 통과가 가능하다. 심지어 죄수들은 이름조차 잃어버리고 '몇 번'으로 통한다.

어느 날, 여섯 개의 숫자들 중 다섯 자리가 같은 숫자로 이루어진 내 집의 전화가 딸딸거리며 요란하게 울었다. 발음도 제대로 되지 않는 어린아이였다. 수화기를 거꾸로 들고 아무거나 꾹꾹 누르더라도 연결되는 게 우리 전화였다.

얼마나 울었던지 흐느낌이 딸꾹질과 섞여서 "엄마 없져"를 연발하는 아이의 놀이 상대가 되어 주어야 했다. 그래서 시작한 게 숫자놀이였다. 나이를 물으니 "제잘"이란다. 세 살배기 아이와 전화로 무엇을 하고 놀 것인가. 엄마가 어디 갔는지도, 이름조차도 모르는 아이와 수다라고는 떨 줄 모르는 내가 만났는데 무슨 말을 할까.

무조건 숫자를 부르다가 나중엔 구구단을 외워 주었다. 처음엔 무슨 말인가 웅얼대던 아이가 잠잠히 듣고 있었다. 그 사이 잠이 들었는가 싶어 멈추면 울고 다시 흥얼거리듯이 구구단을 외면 그치기를 반복했다.

구구단을 몇 번이나 외었을까. 문 여는 소리가 들리기에 안심을 했더니 또 다른 아이 목소리가 들린다.

"여보세요?"

"응."

"제 동생이 전화를 잘못했지요? 죄송합니다. 엄마가 안 계시네요. 혹시 전화번호를 불러주시면 엄마께 감사전화 드리라고 말씀드릴게요."

"아니 괜찮아. 근데 너 몇 살이니?"

"일곱 살입니다."

"이담에 네 동생은 훌륭한 수학자가 될 것 같은데 넌 더 훌륭한 사람이 되겠다. 동생 잘 돌봐라."

어른인 나보다 더 어른스럽고 예절 바른 아이 덕분에 난 몇 달이 지난 지금도 행복하다. 전화번호를 불러 주었더라면 전화를 했을까. 아마 그렇게 아이를 가르칠 정도라면 틀림없이 고맙다는 전화를 했을 것만 같다.

인생은 숫자놀음이다. 아이와 내가 숫자만으로 놀았듯이 숫자만 있어도 통할 것 같은 세상 아닌가. 아침에 일어나서 하루를 계획하는 일도 시계라는 숫자판을 들여다보며 시작해야 하고, 한 달을, 일 년을 시작하고 마무리하는 일도 달력에 적힌 숫자로 인해 행해진다.

시작과 끝이 다 숫자에 의해서 이루어진다. 내가 세상에 얼굴을 내밀어서 적히는 날짜부터 관 속에 뚜껑이 덮이는 순간까지. 즐거운 일에서 슬

단디 해라이~

픈 일까지 숫자가 벌여놓은 놀이마당에 불려온 인간이 한바탕 춤을 추고 있다.

　숫자에 얽매이지 않고 살아갈 수는 없는 것인가. 산속의 출가 수행자는 세월 가는 대로 자연에 의탁한 채 생을 마감할 수 있을까.

　몇 월 며칠 몇 시에 만나서 몇 번 도로를 타고 몇 명이서 몇 박을 얼마의 돈으로 몇 가지의 음식을 준비해서 떠나자는 여름휴가 계획을 세우고 보니 숫자란 놈이 산속까지 따라다닐 모양이다.

　얼마간이라도 숫자에서 자유롭고 싶다.

아버지 유품

금전출납부

가로수 가지 끝에 연두색 봄이 묻어 있다. 이맘때쯤 들어 있던 아버지의 생신이면 아버지 그늘 아래 있는 가족들이 모두 모이는 날이다. 생선도 굽고 잡채도 만들고 왁자하니 잔치를 벌였다. 아버지 계시지 않는 지금은 봄이 특별한 의미 없이 지나가 버린다. 나는 무언가를 잃은 듯 허전해 책장 앞을 서성거리다 아버지의 손때 묻은 금전출납부를 꺼내든다. 어머니의 원성을 들으면서도 아버지가 손에서 놓지 않았던 것이다.

금전출납부 하나로 한 사람의 생을 통째로 엿볼 수 있다는 것이 신기하다. 70년대에는 메밀묵 한 함지로 이웃집 혼사부조를 했고, 80년대에는 석양과 청자라는 담배를 사서 피웠다는 것도 알았다. 반성 장날 소를 한 마리 팔고서야 돼지고기 한 근 끊고 갈치 한 마리 사서 돌아오는 모습까지 상상하게 한다. 누구네 어른의 회갑연이 언제였는지도 알게 되었다.

매년 벌어들인 돈이 쓴 돈에 미치지 못해 적자인 삶의 궤적이 한 권의 금전출납부에 고스란히 드러났다. 나는 아버지의 고뇌를 금전출납부에서 읽어 내린다.

술 한 모금 입에 대지 않던 아버지가 유일하게 호사를 누린 것이 있다면 싸구려 담배를 줄기차게 사서 태웠다는 것이다. 삶의 마지막 순간까지도 담배로 인해 고통스러워할 것을 왜 그리도 좋아했을까.

어릴 적에 가끔 한밤중에 일어날 때면 나는 볼 수 있었다. 툇마루에 앉은 아버지 손가락 끝으로 끊임없이 발갛게 피었다 사라지는 꽃불을. 하얀 재가 떨어져도 모르고 밤하늘을 응시하며 무슨 생각에 그토록 골몰했을까. 금전출납부에 써 넣을 수 없었던 무거운 짐들은 담배연기와 함께 흘날려 버리고 싶었을 게다.

지금은 놓여났을까. 주렁주렁 매달린 부양가족에 얽매이지 않아 금전출납부 쓰는 일에서 손을 뗐을까.

별이 뜨는 캄캄한 밤을 골라 툇마루 아닌 베란다에서나마 담배 한 개비 불붙여 연기라도 올려 보내 보고 싶은 마음이다.

편 지

편지는 모름지기 우체부의 낡고 커다란 가방 속에서 꺼내질 때가 제격이다. 어쩌다 툭 내 앞에 떨어진 편지보다는 손꼽아 기다리다 받아 읽을 때 더 맛이 난다. 편지는 그래야 했다. 그런데 돌아가신 지 오륙 년이나 지난 아버지가 오래전에 써둔 편지를 받았다. 아무런 기별도 기다림도 없었는데 불쑥 내민 편지를 얼떨결에 받았다. 꼭꼭 접힌 채 금전출납부 뒷면에 찰싹 붙어서 왔다. 숨겼다 내놓는 편지이기에 더 저릿한 통증이 온다.

공책 한 장을 찢어 쓴 편지는 접힌 부분이 낡아서 겨울 낙엽처럼 누렇게 뜨고 우체국 소인 대신 얼룩덜룩 눈물자국이 찍혀 있었다. 아버지로서 의무를 다하지 못하고 살았다는 자책과 허약한 나에 대한 걱정, 달콤한 말에만 현혹되지 말고 평생을 생각하고 또 생각해서 말과 행동을 해야 한다는 당부도 있었다.

아! 나의 아버지도 자식을 사랑하는 평범한 아버지였구나. 표현하지 못했던 말들을 글로 써서 차마 부치지 못하고 가슴에만 묻어 두고 살았었구나.

나에게는 관심조차 보이지 않던 아버지에게서 애틋한 연민보다는 원망하는 마음을 더 키웠다. 땟거리가 없어서 공부를 더 못 시킨다는 말 대신 여자는 많이 배우면 남편을 무시한다는 말로 중학교 등굣길 책가방을 빼앗던 아버지였다. 다정한 말 한마디 건네는 일 없었고 남에게 해 끼치는 일 없도록 하라며 날개를 꺾어 놓는 것도 아버지였다. 체면과 격식을 중요하게 여겼고 칠거지악을 줄줄 꿰며 딸은 출가외인임을 강조했다.

그랬는데 편지 속 아버지는 그게 진심이 아니었다고 속삭이고 있다. 나는 아버지의 한문 투성이 편지를 읽고 또 읽었다. 다시는 들을 수 없는 아버지의 구시대 예찬론을 함께 떠올리며.

생각해 보면 나는 아버지 편지에 쓰인 것처럼 단것만 삼키고 쓴 것은 뱉어내려고 한 것 같다. 쓰다고만 느껴졌던 아버지의 말을 새삼 돌이켜

단디 해라이~

보게 만든다.

　내가 맞선을 볼 때 재물을 보지 말고 사람 됨됨이만 보라고 일러주던 분, 꽃을 좋아해야 심성이 곱다며 산동네 단칸 신혼집에 꽃 화분을 몇 개씩이나 들여놓아 주셨던 분도 아버지였던 것을 깨닫지 못하고 있었다.

　하고많은 유품 중 내게 쓴 편지가 든 금전출납부가 내 손에 들어온 건 우연이 아닌 듯하다.

시간 여행

군위 여행은 시간 여행이었다. 숨 가쁘게 달려온 삶의 여정에서 잠시 멈추어 지나온 길을 되돌아본 날이다. 초파일을 넘긴 지 얼마 되지 않아서인지 《삼국유사》의 산실인 인각사 마당에는 바람이 연등과 함께 뒹굴고 있었다. 화본역사는 봄 햇살 속에 졸고 한밤마을 그네는 춘향이를 기다리고 있는 듯 한가로웠다.

세상이 초고속으로 날아갈 듯 변하고 있는데 군위는 달랐다. 주어지는 만큼의 햇살에 능금 꽃을 피워내고 생긴 모양대로 삶의 터전을 가꾸어 정을 나누고 있었다. 오히려 오래된 세월을 캐내어 그 조각들을 끼워 맞추고 있었다.

군위 입구의 '삼국유사의 고장'이라는 팻말이 우리를 보각국사 일연의 하산소였던 인각사로 이끌었다. 그곳에서는 아직도 일연스님의 흔적을 찾으려고 한국 고대의 총체적 문화유산창고를 뒤적이는 중이었다.

단디 해라이~

일연스님이 13세기 말에 펴낸 《삼국유사》는 우리 민족이 당하는 수모와 고통의 실제를 모아 책으로 만든 것이다.

깨진 돌조각에 375글자로 희미하게 남은 보각국사, 그나마도 나무 창살 안에 갇혀 있어 손을 뻗어야만 어루만져 볼 수 있었다. 손끝으로 우리 민족의 정체성이 어렴풋이 전달되는 듯했다. 그것마저 사라지고 없었더라면 4,050자의 보각국사비도 복원하지 못했을 것이라고 한다. 비를 둘러싼 너른 터에는 빽빽하게 냉이의 씨방이 하트를 그리며 방문객들을 맞이했다. 밟혀도 일어서는 한민족의 민의처럼 느꼈다.

보각국사의 정조 탑 둘레에는 금낭화가 조롱조롱 꽃망울을 터뜨려 그것을 배경삼아 사진을 찍느라 바빴다. 꽃이 다칠세라 미리 경계하는 스님의 고함이 일연스님의 호령 소리 같았다. 사진 찍는 것이 급하지 않다고 일갈을 하는 듯했다.

인각사를 나와 한국에서 가장 아름답다는 화본역에 가기 위해 버스에 올랐다. 나는 추억 속 간이역을 떠올려보았다. 그곳에 가면 옛날처럼 낡고 긴 의자에 앉아 역사 벽면을 가득 채운 상하행선 시간표와 요금표를 목 아프도록 올려다보리라. 하루 네 번 무궁화호 기차가 지나가는 철로 옆에는 늙은 어머니가 고단한 생의 무게처럼 이고 다니는 짐 보따리가 놓여 있겠지. 보따리는 새벽이슬에 젖은 애호박 덩이, 고구마 줄기, 꽈리 고추 등 자질구레한 것들로 채워져 있을 것이다.

어쩌면 젊음의 활기도 느낄 수 있을지 모른다. 자신의 머리보다 더 높은 배낭을 꾸리고 젊은 패기 하나만 믿고 무전여행을 떠나는 이들을 보노라면 내 가슴이 다시 뛸지도 모른다.

 상상을 하는 사이 도착한 화본역은 특별할 것도 이상할 것도 없는 기억 속의 그 역이었지만 늙은 어머니의 올망졸망한 보따리도 젊은 친구도 하나 없었다. 우리 일행만 작은 역사 안을 잠시 메웠다가 나왔다. 내 기억 속에는 존재하지 않는 급수탑의 창문은 겨우 도화지만 해서 마법에 걸린 동화 속 주인공 라푼젤이 긴 머리 늘어뜨리고 내다볼 것만 같아 자꾸 뒤돌아보았다.

 시간 여행버스는 우리를 한적한 골목길에 데려다 놓았다. 한밤마을에서 나는 빛도 바래지 않은 채 고스란히 보관되어 있는 기억을 돌려받았다. 미로 같은 돌담길을 끼고 천천히 걸었다. 오래된 돌담에는 반쯤 마른 이끼가 뒤덮이고 담쟁이들이 얽히고설켜 태풍에도 끄떡없을 것처럼 보듬고 있었다. 한밤마을 사람들이 돈독하게 정을 나누며 어떤 어려움에도 흔들림 없이 살아가듯이. 담 너머 텃밭에는 채소들이 자라고 감나무도 드문드문 돌담에 등을 기대고 있었다. 길섶에는 자목련 꽃송이들이 뚝뚝 떨어져 내렸다. 그 모습을 보고 내 팔짱을 끼고 걷던 시인은 어느새 〈자목련〉 시 한 수를 읊어 준다. 짓뭉개진 자목련 꽃잎을 딸의 생리혈에 비유한 시였지만 난 어쩐지 그 마을 사람들의 피맺힌 설움이 이런 색깔이 아닐까 생각되었다.

 논밭을 일구느라 호미만 들면 덜그럭거리는 돌멩이를 골라 밭가에 쌓아보니 논밭의 경계가 되고 길이 만들어지고 이야기가 만들어졌을 것이다. 50센티미터도 넘음직한 돌담의 너비로 돌이 얼마나 많았는지 짐작되었다.

산비탈 황무지를 개간해서 밭을 일구던 내 부모님도 돌과 끝없는 씨름을 벌였기에 그 애환을 알 것 같다. 뾰족하게 날을 세웠을 돌들은 천년 세월 비바람에 닳고 닳아 둥글둥글해지고, 덩달아 마을의 인심도 모난 곳 없이 둥글어 졌으리라. 자유로움을 뺏길 것 같아 문화재 지정도 거부했다는 마을 주민들이었지만 수많은 여행객이 집안을 기웃거리며 떠들어대도 불평 한마디 없었다.

마을 깊숙한 곳에 자리한 대율리 대청과 웅숭깊은 고택, 상매댁은 그 마을의 품격을 높여주는 역할을 톡톡히 했다.

상매댁은 250여 년 전의 고고한 자태를 아직도 간직하고 있었다. 안채는 ㄷ자 모양이었는데 나무의 생김새대로 집을 지어서인지 정감을 더했다. 조금 높이 작은 창문이 조르르 달린 것으로 보아 옛집치고는 특이하게도 이층처럼 보였다. 후손들이 살고 있어 사람과 살림도구들 모두 과거와 현재 속에서 공존하고 있었다. 상매댁의 서체 액자가 마루 벽에 걸려 있어 부림 홍씨 가의 지체를 짐작할 수 있었다. 넓은 뒤뜰에는 수없는 세월 동안 하늘빛을 담았을 돌확이 꽃들로 채워져 있고 작은 대숲은 많은 이야기를 숨기고 있는 것 같았다. 뜰을 돌아 나오자 조그마한 연못과 '쌍백당' 편액이 걸려 있는 격조 있는 사랑채가 보인다. 지금도 그곳에서 공부를 하는 사람들이 있다고 하니 그 영향력이 대단함을 알 수 있었다.

초고속의 시대에 살고 있는 우리는 어쩌면 얻는 것보다 잃는 것이 더 많을지도 모른다. 문화는 단숨에 이루어지는 것이 아니다. 유구한 역사의 바탕 위에서 만들어진다.

나보다 앞서가는 사람들을 따라가기가 버겁다고 느껴질 때면 간이역으로 나가 볼 일이다. 군위로 시간여행을 떠나보면 내가 잊고 사는 것이 무엇인지 어렴풋이나마 느껴질 것이다. 천년 세월 변함없는 자연동굴 속의 삼존석불 미소를 만나고 700여 년 기다리고 있는 보각국사도 친견하다 보면 어느새 내 가슴에도 신전 하나 생겨날지 모른다.

제 **4** 부

자 신 에 게
최 면 걸 기

인동꽃

그것은 사리 향낭이었다. 오랜 수행 끝에 자연스레 빚어진 향기는 이럴까. 그윽한 향주머니를 열어 놓아 절간에 오르는 길을 한층 수월하고 즐겁게 해 주었다.

"이게 무슨 냄새야?"

작은 절 길목에 있는 재래식 뒷간 옆을 지나며 남편이 코를 벌름거렸다. 여름이 시작됐으니 그곳에서 나는 냄새려니 생각하며 예불 시간에 늦지 않으려 바삐 올라갔다. 그런데 뒤따라오는 향기는 달콤했다.

상쾌한 기분으로 예불을 마치고 내려오던 내 눈길이 해우소 지붕에 멎었다. 인동꽃이 벽을 두르고 지붕을 덮어 그 속에 부려놓은 근심덩어리까지도 그윽하게 덮어버렸다. 한 송이 거대한 꽃다발이었다.

하얗게 뒤덮인 향기로 현기증이 일었다. 몇 년을 드나들었지만 존재조차 알아채지 못하는 사이에 저 혼자 나고 자라 꽃까지 피웠던 것이다. 인동초 꽃은 여름철 뒷간을, 가난한 절을, 후미진 골짜기를 은은한 향기로 채워 풍요롭게 하고 있었다.

그 그늘 아래서는 쪼그리고 앉아 있어도 마음이 편안할 것 같다. 흔히 절에서는 화장실을 '해우소解憂所'라 부르는데 근심 걱정을 다 풀어놓는다는 의미다. 그렇지만 재래식 화장실은 여름이면 구린내로 근심이 풀리기는커녕 도로 쌓인다. 그런 해우소 발치에서 인동넝쿨이 작은 기적을 일으킨 것이다.

날마다 경전을 듣고 자라서일까. 골짜기를 깨우는 범종 소리 따라 촉수를 뻗어 나가서일까. 산이 내뿜는 신선한 숨소리에 젖어서일까. 화려하지도 야단스럽지도 않으면서 청정하기까지 하다. 환한 꽃의 모습은 잠자던 내 감각을 붙잡기에 충분했다.

어린 날, 겨울 아침에 시린 바람을 뚫고 아버지가 성근 바지게 가득 인동초 넝쿨을 지고 오던 모습이 눈에 선하다. 인동 넝쿨은 고된 일로 늘 관절염과 신경통을 달고 살던 어머니의 약으로 쓰였다. 어머니는 인동초 삶은 물로 단술을 만들어 놓고 시도 때도 없이 먹었다. 나도 보리밥알 둥둥 떠다니는 감주를 홀짝거렸다. 쌀 한 톨이 귀해 시커먼 보리밥으로 만든 단술이지만 간식처럼 먹었던 것이다.

여름이면 꽃맹아리 꽁무니를 쪽쪽 빨며 잠시나마 허기를 달랬다. 안개 미립자같이 적은 단맛에도 취할 수 있다는 것을 그때 알았다. 야생 꽃 독성이 내 약한 몸에 해가 되지 않을까 염려하는 아버지께 야단을 맞으면서도 달착지근한 맛에 자꾸 손이 가던 꽃이었다.

약이 된다는 것을 알고는 너나없이 다 걷어가서인지 눈에 잘 띄지 않았

단디 해라이~

는데 이곳에서 보게 되니 소꿉친구를 만난 듯 반가웠다.

　인동초는 잎사귀 몇 개로 모진 겨울을 난다고 해서 붙여진 이름이다. 야산 언저리에도 척박한 밭언덕에서도 가녀린 줄기로 엄동설한을 이겨내는 지극히 서민적인 꽃이다. 꽃과 잎, 줄기까지 서민의 약이 되고 향기조차 나누고 있다.

　인동꽃 향기가 날 것 같은 해맑은 미소를 본 적이 있다. 《울지마 톤즈》라는 다큐멘터리 영화의 실제 주인공이다. 아프리카에서도 가장 오지라는 수단의 톤즈에서 내전과 병마가 할퀴고 간 웃음에 굶주린 이들에게 감동의 눈물을 흘릴 수 있다는 것을 몸소 보여주고 떠난 이태석 신부다. 평생 편안하고 명예롭게 사는 길이 보장되어 있었지만 가장 어려운 길을 택해 웃음을 찾아주고 떠난 그는 진정한 성인이었다. 웃는 모습이 그렇게 잘 어울리는 사람을 보지 못했다. 그의 웃음에 감전된 내 얼굴은 눈물로 범벅이 되었다.

　그가 풍기는 은은한 삶의 향기가 인동초 꽃을 닮았다. 인동꽃은 수정이 끝나면 노랗게 색을 바꾸고 꽃잎을 닫는다. 그것은 벌과 나비에게 옆의 다른 꽃을 찾아가라는 무언의 메시지라 한다. 옆 꽃을 배려하는 마음이다. 집착은 근심이 되고 욕심에는 괴로움이 따른다는 것을 인동꽃이 먼저 알아차리는 것이다.

　허한 마음 한 켠에 인동꽃 향을 채워 보고자 해우소 앞에 섰다. 물은 물로 정화하고 냄새는 더 진한 향내로 정화해야 하는가 보다. 결코 진하지도 일시적이지도 않는 꽃향기로 악취를 누르고 있었다.

　경전을 사경하듯 인동초 넝쿨이 펼쳐 놓은 구절들을 손으로 짚어 본다.

지갑 속의 사랑

　지갑을 연다. 나의 분신들이 앞다투어 얼굴을 내민다. 끝이 도르르 말려 올라간, 손가락 한 마디만 한 가족사진이 맨 먼저 반긴다. 우리 가족이 폼을 잡을 여가도 없이 찍힌 스티커 사진이다.
　어느 봄날, 길가에 설치된 간이 사진실의 커튼을 들추고 들어갔다가 요령을 몰라 어리둥절해 하는 사이에 찍혀 버렸다. 얼굴 일부만 나왔는데도 활짝 웃는 모습이 자연스럽다. 지갑을 열 때마다 후다닥 달려 나와 발끝 돋우며 살아보라 속삭이는 듯하다. 주민등록증에 붙은 사진은 화난 듯이 굳은 얼굴이고 증명사진 몇 장의 표정도 제각각이다.
　그중 특별한 한곳에 눈길이 닿는다. 사진들 틈에서 보아달라고 칭얼대는 손톱만 한 노란 양지꽃 한 송이다.
　몇 년 전 봄날이었다. 친구들과 황매산 철쭉제에 갔다. 온 산이 붉디붉은 꽃으로 달구어져 있었다. 불을 보고 달려드는 부나방처럼 우리는 뛰어

단디 해라이~

들었다. 카메라 셔터를 누르느라 전쟁터 같은 그곳에서 나는 보았다. 화려한 꽃그늘 아래, 사람들 발길에 짓뭉개진 작은 들꽃 한 송이를. 너무 작아서, 낮게 엎드려 있어서, 사람들 시선에서 비켜났기에 발길도 피할 수 없었으리라. 그것을 집어 들었다. 줄기가 꺾인 채 샛노랗게 질려 있는 그 모습이 애잔해서 수첩 속에 가지런히 붙여 넣었다. 마르면 코팅을 해서 친구에게 연말 엽서에 담아 보낼 요량이었다.

어릴 적부터 나는 주위의 관심을 받지 못한다는 자괴감을 갖고 있었다. 그래서 호롱불에 머리카락 태워가며 밤을 새워 공부하는 길만이 어른들에게 사랑받는 것이라 여겼다. 얌전하고 심성 바르게 행동하면 나를 달리 볼 것이라 생각했다. 말뚝에 매인 소처럼 나의 행동반경은 늘 정해진 원칙 안에서만 맴돌았다. 한 번도 어긋난 행동을 한 적이 없었다.

직장 수련원에서였다. 초청강사인 J교수는 자신의 불행했던 과거를 숨김없이 다 드러내었다. 시댁에서 쫓겨나 친구의 가게 한구석 계단 아래 한 뼘도 안 되는 어둠 속에서 짐승처럼 웅크리고 살았던 적도 있다고 했다. 그 상처를 치유하기 위해 더 치열하게 살았고 자신을 한층 더 아낄 줄 아는 사람이 되었다. 그녀는 자신을 사랑한다고 했다. 그래서 아무도 관심 갖지 않는 생일날이면 자신에게 축하메시지를 적어 넣은 꽃바구니를 보낸단다. 이를 악물며 자신을 사랑하기로 결심하고 행하다 보니 어느 날 세상으로부터의 답신이 도착한 것이다. 자신을 사랑하는 당신을 우리도 사랑해 주겠노라고.

지금은 유명한 강사로 이름을 떨치고 있는 그녀의 강의를 듣고는 나도 그해의 내 생일날에 따라해 보았다. 그런데 내게 보낸 꽃이 시들어 가는 것을 보는 것은 더 힘들었다. 꽃이 시드는 만큼 내 기분도 축축 늘어졌다. 한 번의 실천으로 끝을 맺고 다시 내 세계 속에 침잠해 갈 때쯤 그 풀꽃을 만난 것이다.

나는 '사랑해'라는 메시지를 적어 코팅을 했다. 친구에게 보내려든 것을 나 자신에게 보내기로 했다. 나에게 하는 사랑 고백이라고 해야 할 것 같다. 잘 간직해서 수시로 꺼내보고 싶었다. 지갑을 열 때 가장 잘 보이는 곳에 넣어두었다. 시들 염려도 없고 썩지도 않아 영원할 것 같은 느낌에 만족했다.

몇 달이 지나고 몇 년이 지나면서 지갑을 열 때마다 나지막이 '사랑해' 하고 속삭였다. 그것이 정말 힘을 발휘했을까. 언제부터인가 주변의 사랑을 느끼게 되었다. 무뚝뚝하던 남편이 살갑게 다가오고, 꾸중만 듣던 시어머니에게서도 칭찬 듣는 일이 많아졌다. 멀리 있는 아들에게서 큼직한 꽃바구니와 함께 사랑한다는 목소리도 담겨 배달돼 왔다.

어쩌면 주변은 예나 지금이나 변함이 없는지도 모른다. 스스로 만든 틀 속에 나를 가두고 그 틈새로 다른 사람을 끌어들이려 했는지도 모른다. 좁은 테두리 안에서 내게로 향하는 손길마저 밀어내고 있었다.

고성 옥천사로 오르는 길에는 연리지連理枝가 있다. 두 나무가 공중에서 엉겨 같은 맥박을 나누며 한 나무로 자란다. 서로 다른 나뭇가지마저 깊은 사랑으로 끌어안아 한 몸이 되었는데 나는 자신조차 사랑하지 못하고 마음의 문을 닫아두었던 것은 아닐까.

지갑 속의 '사랑'이 가슴 깊은 곳에 고인 사랑의 물꼬를 트게 하는 삽질이면 좋겠다.

헐리는 집

 갑자기 창문이 흔들리는가 싶더니 '꽝' 하는 굉음이 들린다. 놀라 창을 열고 내다보니 바로 옆 이층 양옥이 헐리고 있다. 포클레인이 악머구리 같은 입을 벌려 지붕을 먹어치우고 어느새 벽에 이빨을 들이댄다. 그 광경에 나도 모르게 몸이 움츠러들고 공부를 하던 아이들은 비명을 지르며 소란을 피운다.
 손 뻗으면 닿을 거리에서 집이 헐리는 것을 생생하게 보기는 처음이다. 티라노사우루스가 살아서 집을 뜯어먹는다는 지영이의 말에 글쓰기의 소재로 삼으면 좋겠다고 했더니 이번에는 서로 보겠다며 책상 위에 올라서서 밀고 당긴다.
 뭉게뭉게 일어나는 흙먼지에 호스를 들이대고 물을 뿌리던 아저씨는 문 닫으라고 고래고래 고함을 질렀지만 벽이 내려앉는 소리에 묻혀버렸다. 얼마 지나지 않아 지붕도 담도 허물어지고 얼기설기 붉고 푸른 전선

줄들만이 실핏줄처럼 허공에 걸려 있다.

 그 집 사람들의 고단함을 달래던 방들이 한순간에 사라졌다. 건물만이 아니라 따뜻한 사람의 온기와 구석구석 밝혀주던 불빛까지 사라졌다. 황량한 집터에는 쓰레기 더미에 불과한 시멘트 조각들만 나뒹굴고 그동안 벽에 막혀 드나들지 못했던 드센 바람이 실핏줄마저 쓸어내렸다.

 참 쉽게 허물려 버렸다. 소유하고 있다는 것은 어쩌면 허상을 잡고 있는지도 모른다. 영원히 건재할 것 같은 콘크리트 집도 한순간에 저렇게 허물어져 버리지 않는가.

 오늘도 우리는 이렇게 사라져 버릴 것을 얻으려 헛손질을 하고 있는 건지 모른다. 아니 내 것이란 애초부터 존재하지 않았을 것이다. 잠시 빌려 쓰고 가야 하는 것에 목숨을 걸고 있다는 생각이 든다.

 바람처럼 스쳐가는 친구가 있다. 내 고향 동창이었다. 그는 속이 꽉 차 어떤 비바람에도 쉽게 허물어지지 않을 것 같던 단단한 집 같은 존재였다. 영민한 머리와 반듯한 이목구비, 괜찮은 집안 하며 친구들 모두에게 선망의 대상이었다. 초등학교를 같이 졸업하는 것으로 우리는 만날 일이 없었고 서로 다른 길을 걸었다. 별로 힘들이지 않고 우리나라 최고 대학을 졸업하고 외국 유학까지 승승장구한다는 말을 가끔씩 들을 수 있어 좋았고 내심 보고 싶었다.

 "출세하면 뭐하노, 외아들이 자기 어머니 임종도 지키지 못했는데"라며 어른들의 혀 차는 소리가 들렸지만 피치 못할 일이 있었으리라 생각했다. 그만큼 기대가 컸기에 당연히 가장 훌륭한 모습으로 나타나리라 여겼다.

단디 해라이~

오랜 세월 그리워했던 그를 보게 된 것은 병원에서였다. 지천명의 나이가 무색하게 허름한 노인병원 벽 쪽 침상 한 칸에 보호자도 없이 오그리고 누워 있었다.

그동안 그에게는 무슨 일이 있었던 것일까. 이름도 알지 못하는 병과 싸우는 사이 아내도 자식을 데리고 이민을 떠나 버렸다고 했다. 자신의 의지로는 어찌 할 수 없어 제멋대로 흔들거리는 몸짓과 알 수 없는 표정으로 우리를 물끄러미 바라보았다. 허물어져 내린 집터에 어지럽게 걸려 있는 저 전선줄처럼 툭툭 불거진 핏줄 몇 가닥이 삭정이 같은 몸을 받쳐 겨우 생명을 유지하는 듯했다.

친구들이 손을 잡아주자 우리를 알아본 그는, 점멸등불처럼 들어왔다 나갔다 하는 정신을 한 가닥 붙들었는지 입을 떼 허허거렸다. 신기하게도 어릴 적 기억들을 소상히 떠올렸다. 웅얼거리는 그의 말에 귀를 기울이고 있자니 눈물로 병실이 어룽거렸다. 그 옛날 학예회 때 심봉사 역할을 맡아 눈감고 허둥거릴 때도 그의 말은 또랑또랑 했었다. 너무나 단정하고 얌전했던 친구였는데 바지춤 하나 제대로 올리지 못하는 모습을 보고 말았다.

후회가 되었다. 어쩌면 친구들이 찾아간 것이 그에게 반갑지만은 않았겠다는 생각이 들었다. 방금 세수한 듯했던 어린 시절의 풋풋한 얼굴로만 기억되길 바라지 않았을까.

얼마 지나지 않아 그 친구의 부고가 전해졌다. 친구 한 사람 들여다볼 수 없는 설날 아침에 간신히 붙잡고 있던 생의 끈을 놓아버렸단다. 저세상 가는 날까지 혼자였다. 만장 펄럭이며 보내지는 못해도 꽃이라도 한

송이 전해주고 싶었으나 문을 연 꽃집조차 없었다. 바람이 외로운 길을 동행하려는지 시골 타작마당 귀퉁이의 정자나무 빈 가지들이 심하게 흔들렸다. 내 마음 한구석도 허물어져 찬바람이 들이쳤다.

빨리 글쓰기를 하자고 아이들이 내 소매를 잡아끈다. 생각한 것이 사라지기 전에 글을 써야 한다며 나를 생각의 늪에서 꺼내준다.

숯가마에서

　어머니의 자궁 속 같은 숯가마에 들어앉았다. 이틀에 걸쳐 묵정밭에 배롱나무 묘목을 심은 뒤라 온몸이 뻐근하다. 몸과 마음이 지칠 때면 태초에 내가 아무 걱정 없이 쉬던 곳처럼 여겨지는 곳이다.

　마침 그날은 숯을 꺼내는 날이었다. 화부들의 길고 긴 연장 끝에 딸려 나오는 숯덩이는 아직도 벌겋게 타오르고 있었다. 나무들의 장엄한 최후였다. 저 숯들도 처음에는 내가 오늘 심은 나무처럼 어린 묘목이었을 것이다. 의젓한 자세로 푸른 기운을 일으키며 하늘 높은 줄 모르던 시절이 있었을 것이다. 이제는 가지 다 잘리고 진액까지 쏟아내어 마침내는 검은 뼈마디만 남아 하소연을 하는 듯하다.

　다 타고 없는 듯하지만 집안에 두면 습기를 막는 역할도 하고 다시 불기를 머금어 고기의 잡냄새를 없애기도 하며 때로는 짜디짠 소금물 속에서 간장의 숙성을 도와 깊은 맛을 내는데도 보탬을 준다고 말이다.

허연 분가루를 뒤집어쓰고 나앉은 숯덩이를 보며 나는 어이없게 전쟁터에서 산화해버린 삼촌을 떠올렸다.

푸른 청춘에 자신을 활활 태우고 스러져간 삼촌은 한 장의 흑백사진으로 남아 우리 집 방문 위 사진틀 속에서 오래도록 내려다보고 있었다. 엄마의 한숨에 섞여 간간이 되살아날 때면 목이 아프도록 사진을 올려다보았다. 하얀 셔츠에 까만 바지의 단정한 제복을 차려입어서인지 더욱 의젓해 보이던 삼촌이었다. 아버지의 단 하나밖에 없던 피붙이 삼촌은 어디 하나 빠질 것 없이 훤칠하고 재주도 뛰어나 모두들 집안의 거목이 될 거라고 믿었단다.

자원입대를 한 삼촌이 제대를 며칠 앞두고 있을 때 한국전쟁이 터졌다. 산골 마을에까지 굉음이 날아들고 피투성이 인민군들이 마당을 드나들 때만 해도 삼촌은 돌아올 줄 알았다. 그러나 전쟁이 끝나고 친구들은 하나 둘 돌아왔지만 삼촌은 돌아오지 않았다. 식구들의 가슴이 까맣게 타들어 가도록 소식이 없다가 한 줌 재가 되어 작은 상자 속에 들려서 돌아왔다.

삼촌은 전쟁의 포화 속에 자진해서 뛰어들면서 무슨 마음이었을까. 전쟁영웅이라도 되고 싶었을까. 정말로 나라를 구해야겠다는 일념에서였을까.

"일본군에 끌려가면서 나는 결심했다. 나에게도 나가 싸우라고 명령하는 조국이 있다면 언제라도 나가 싸우겠다고…."

전쟁영화에서 보았던 잊히지 않는 대사처럼 그 순간만큼은 애국자가 된 심정이었을지도 모른다.

단디 해라이~

믿을 수 없는 현실에 할아버지는 병이 들고 희망 잃은 집안의 가세는 기울기 시작했다. 할머니도 일찍 돌아가시고 형제라고는 삼촌뿐이었는데 홀로 남은 아버지의 낙담은 또 어땠을까. 순명을 제자리로 돌려놓을 수 있다면 아버지는 기꺼이 삼촌과 목숨을 바꾸자고 했을 것이다. 서로의 버팀목이 되어 주었을 사람인데 한 사람이 빠져버린 자리를 지탱하기란 얼마나 힘이 들었을까. 켜켜이 쌓인 말 못할 그리움의 깊이를 우리는 모른다. 이산가족의 만남을 지켜보는 아버지의 공허한 눈빛을 보며 짐작할 뿐이다.

두 사람 몫의 버거운 삶을 살다가 아버지도 가셨다. 삼우제를 지내던 날 우리 가족은 얼마 떨어져 있지 않은 삼촌의 무덤을 찾았다. 이제는 형제가 나란히 손 맞잡고 그간의 회포를 풀고 있을까. 아니 너무 오랜 세월이 지나 서로 알아보지도 못하는 것은 아닐까. 만감이 겹쳤다. 잡초 무성하고 금방 허물어져 내릴 듯한 무덤 앞에 우리 가족이 일렬로 섰다. 한 잔의 술조차 올리지 못할 만큼 비탈진 그곳은 햇살 한 줄기 머무르지 못하는 숲 속이어서 잔디도 자라지 못했다. 훤한 대낮인데도 어두컴컴해 마음이 더 무거웠다.

대들보가 될 아름드리 참나무가 자신을 다 태우고 한쪽 구석진 곳에서 뿌옇게 먼지를 뒤집어쓴 채 잊혀져버린 숯덩이와 무엇이 다른가. 불구덩이 속에 내던져져 나의 육신을 덥혀주는 저 숯덩이의 고마움을 나는 한 번도 생각해 본 적이 없다. 전쟁터에서 처절하게 피 뿌리며 짧은 생을 마감한 삼촌과 같은 젊은이들의 희생을 발판으로 다시 얻은 이 땅에서 아무도 그들을 기억해 주는 사람이 없는 것처럼 말이다.

활활 타오르는 불길이 내 상념의 꼬리를 붙잡는다.

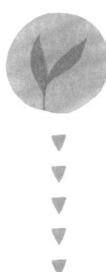

자신에게 최면 걸기

출근길이었다. 시골에서 출발한 시내버스는 연로하신 분들이 대부분 자리를 차지하고 있었다. 나만 서 있으려니까 시선이 나에게 쏠리는 것 같아 몸 둘 곳을 모를 지경이었다.

일부러 창밖만 응시하다 용기를 내어 휙 둘러보았다. 맨 뒷좌석에 한 자리가 비어 있다. 그런데 그 옆 좌석에서 온 얼굴에 웃음을 띤 채 가만히 가슴께에다 손을 붙이고 오라는 신호를 보내는 어른이 있었다. 조금 어색했지만 그곳으로 가 앉으니 고개를 외로 꼬며 "오랜만이네예." 들릴 듯 말 듯한 목소리를 내며 내 손을 살그머니 잡는다.

"아, 예."

엉겁결에 응대를 했지만 아무리 생각해도 누군지 기억나지 않는다. 의례적인 인사만 하고 말없이 앉아 있자니 서 있을 때보다 더 불편하다. 그런데 만면에 웃음을 보이던 그녀도 사람을 잘못 보았다는 듯이 더 이상 말이 없다. 그렇게 침묵 속에 몇 정거장이 지나고 어시장에 차가 닿았다. 내릴 사람들이 우르르 문 쪽으로 가자 그분이 재빠르게 말을 한다.

"선생님 죄송합니더. 옆에 동네 사람이 같이 앉아서. 긴 말도 못하고…. 내 마음 알지예."하고는 일행을 뒤따라 급히 내렸다.

"아, 예. 알고 말고요, 저도 그래서…."

그제야 팬 속의 팝콘이 터지듯 튀어 올라오는 생각에 가슴이 먹먹하다.

복지관에서 한글을 배우던 어른이었다. 동네 사람들에게 자신의 문맹이 드러날까 봐 대놓고 말도 못하고 선생님에게 아는 척은 해야겠고, 그 순간의 황망함을 수습하기가 쉽지 않았을 것이다. 고개를 반쯤 돌려 이상한 행동을 보이던 상황들이 그제야 이해가 되었다.

얼마나 조마조마했을 것인가. 어쩌면 그 마음을 알고 가만히 있었을 거라고 생각했을 것이다. 사람을 잘 알아보지 못하는 결점이 이때만은 쓸모가 있었던 것이다.

사회복지관에서 어르신들께 한글을 가르친 적이 있다. 서른 살 총각에서부터 칠팔순의 노인까지 배울 기회를 놓쳐버린 그들이 나에게서 얻고자 하는 것은 무엇이었을까. 너무나 절실하게 필요했던 글이, 해도 해도 머릿속에 들어오지 않는다며 돌대가리라고 스스로의 머리를 쥐어박던 어른들. 젊은 나도 새로운 것을 배우면 머리에 안 들어간다는 말로는 위안이 되지를 않았다.

사실은 낱말 하나를 더 가르쳐 주는 것보다 그들이 누구에겐가 털어놓고 싶은 안타까운 사연이나 자랑거리를 들어 주는 것이 훨씬 위안이 되고 용기를 주는 것임은 쉽게 체감되었다.

글을 몰라 평생 남편에게 구박받아 왔다는 K 할머니, 아파트 경비실에서 서명을 해달라는데 서명이 무엇인지 몰라 민망했다는 혼자 사는 J할머니 등 갖가지 사연들을 듣고 있노라면 나의 사명감은 훨씬 구체적이 된다.

통영에서 새벽에 나와 몇 시간 시외버스를 타고 다닌다는 어떤 분은 내가 그곳의 한글반을 알아 봐 준다고 하니 손사래를 쳤다. 일부러 누가 볼까봐 새벽에 나서서 아무도 아는 사람 없는 이곳으로 온다고 했다. 딸을 잘 키워 대단한 집안으로 시집을 보냈는데 친정어머니가 한글도 모르는 것을 알면 딸이 무시를 당하고 살지나 않을까 염려가 된다며 매일 나와서 과외라도 받고 싶다고 했다.

그들은 한사코 자신이 한글을 모른다는 것을 어느 누구도 몰랐으면 했다. 성형도 되지 않는 마음의 흉터를 평생 안고 살아온 것이다. 드러내 놓지 못하는 흉터를 지우기 위해 뼈마디가 아파도 비탈길을 올라 복지관에 이르러 숨을 고른다. 훨씬 나이 어린 선생이 지나가는데도 손이 떨려 글씨를 잘 못 쓰겠다는 순진한 어른들을 떠나 새로운 직장을 얻어 나올 때는 미안한 마음에 용서라도 빌고 싶었다.

갑자기 그분들이 보고 싶어진다. 서른 해를 사는 동안 글을 몰라 주위 사람들에게 외면당했었다는 인상 좋던 그 총각은 이제 남에게 묻지 않고도 마산 오는 버스를 탈 수 있을까. 경찰 간부인 아들을 둔 어르신은 좀 더 당당하게 자식 자랑을 하고 있을까. 다리 끌며 겨우 한 발짝씩 옮겨 계단 오르던 최 여사님은 이제 복지관을 그만 다닐 만큼 되었을까. 매일 밥을 살 테니 과외 좀 해 달라던 통영 언니는 자식에게 폐가 되지 않을 만큼 되었을까.

　학력 위조로 나라가 시끄럽다. 이런 때에 한글을 모른다는 것만큼은 숨기고 싶다던 그 어른들이 생각나는 것은 왜일까.

　글자 한 자 한 자 꼭꼭 짚어가며 더듬거리다 이내 읽기를 포기해 버리던 그분들에게 나는 스스로에게 최면 걸기를 주문하곤 했다.

　'나는 글을 잘 읽는다. 잘 읽을 수 있다.' 라고.

　나도 포기해 버리고 싶은 순간이 오면 나 자신에게도 최면을 걸었다.

　'너, 정말 잘하고 있어. 너는 좋은 선생님이야.' 라고 말이다.

고향의 찔레꽃

　친구와 버스를 타고 벚꽃 구경을 하러 나섰다. 진해의 관문인 장복산 터널 입구에서부터 머리 위로 꽃구름이 하얗게 떠 우리의 발길을 붙잡았다. 산을 오르는 개울가에 한 무더기의 찔레가 눈에 띄었다. 찔레라면 온 산과 들을 쫓아다니며 꺾어 모아 껍질을 벗겨 간식으로 먹던 것이 아닌가. 우리는 누가 먼저랄 것도 없이 아직은 바늘 같은 찔레 순을 꺾어 입에 넣었다.
　풋풋하고 향기로운 고향의 맛을 전해줄 거라 기대했던 게 잘못이었다. 텁텁한 것이 풋내만 입 안에 가득했다. 자극적인 맛에 길들여진 혀가 변하지 않은 그 맛을 거부하고 있었다.
　난분분 눈송이처럼 꽃잎이 흩날리는 벚나무 숲에 들어서니 무릉도원이 여긴가 했다. 숲 속을 누비는 봄바람에 몸을 내맡긴 꽃잎들의 환호를 받으며 황홀경 속에 들려는데 훼방꾼들이 있었다.

한 무리의 남학생들이 소풍을 온 것이다. 큰 덩치하며 청춘의 상징이라는 여드름을 찔레 열매처럼 주렁주렁 매단 고등학생들이다. 산속이 온통 그들로 꽉 차 버렸다.

소풍보다 즐거운 일이 학생시절에 또 있을 것인가. 엄마가 밤새 만들어 준 김밥에 이날만 특별식으로 쪄 준 달걀, 사이다라도 한 병 살 수 있는 날이면 생애 최고의 날 아니던가. 강가 모래사장에서 손수건 돌리기도 하고 노래자랑도 해야 했기에 밤새워 하늘을 올려다보며 별이 떠 있는 것을 확인해가며 노래를 흥얼거렸던 추억이 떠올랐다. 보물찾기는 빼놓을 수 없는, 소풍에서만 즐기는 놀이여서 가슴을 두근거리게 했다. 두 줄로 죽 늘어선 소풍 행렬에서 이탈하여 선생님 눈을 피해가며 곳곳에서 눈에 띄는 굵직한 찔레를 꺾는 일도 행운처럼 여겼다. 보물찾기에서 연필이라도 한 자루 받게 되는 날엔 그날이 자신을 위해 존재하는 것 같지 않던가. 내게는 그런 행운조차 번번이 비껴갔지만 해마다 그 유혹을 떨치지는 못했다.

그들에게서 지난날을 찾아내려 가만히 보니 즐겁게 노는 아이들이 없다. 하나씩 혹은 두서너 명씩 휴대전화로 사진을 찍거나 그냥 나무처럼 서 있다. 사진의 배경도 꽃과는 상관없이 자신의 얼굴에만 초점을 맞춘다. 시끌벅적해야 될 것 같은데 어째 말도 없이 숲 속을 배회하는 모습이다.

게임을 하거나 놀이를 할 줄 모른다. 보물찾기도 시시하다. 남아도는 게 학용품이고 특별히 보물로 갖고 싶은 것이 없어서인지도 모른다. 그들에게는 손수건 돌리기도 싱겁다. 혼자서 싸우고 깨부수는 컴퓨터 속의 게

임이 훨씬 더 재미있다.

　찔레 무더기가 있든 벚꽃이 피었든 그네들에겐 아무 상관이 없는 듯하다. 그냥 서성거리다가 빨리 시간이 지나 흩어지길 원한다. 혼자 하는 일에만 익숙해진 탓일까, 어울려 노는 일에 서툴다. 굳이 김밥을 싸달라고도 하지 않는다. 집에 가는 길에 피자나 닭튀김 한두 조각 사먹는 게 더 좋은 아이들이다.

　아니나 다를까 두어 시간이 지나니 썰물처럼 빠져나가고 없었다. 그들이 눈같이 휘날리는 꽃을 보고 무슨 생각을 했을까. 그들에게 소풍의 의미는 무엇일까. 선생님이나 학생들이나 공부에서 하루쯤 놓여나는 시간이라고만 여기지는 않을까.

　온실 속에서 곁가지 하나 없이 잘 자란 장미 송이 같았다. 하나하나는 훌륭한데 조화를 이루지 못하는 장미. 누군가의 손에 의해 다듬어져 꽃꽂이를 해야만 빛이 나는 장미. 벌과 나비도 불러 모을 줄 모르고 다른 사람들의 손길도 막아버리는 장미.

　같은 장미과이면서도 밭언덕, 시냇가에 지천으로 피어 하얗게 천지를 밝히던 찔레는 바로 어린 시절의 우리 모습이다. 하얀 무명옷의 우리 부모들의 모습이다. 벌과 나비를 다 불러 모으고 아래쪽으로는 어김없이 뱀이 똬리를 틀고 쉴 수 있게 한다. 먼 산의 뻐꾸기는 찔레꽃이 벙그는 시기에 맞추어 추임새를 넣어주었다. 아이들에게 간식거리로 아릿한 어린순을 다 내어 준 것 같은데도 어느새 새하얀 꽃을 한 아름씩 피워 올렸다. 가진 것이 없어도 나눌 줄 알고 잠을 청하는 나그네는 재워 보내던 부모님을 생각나게 한다.

가슴이 텅 빈 것처럼 느껴질 때는 달착지근했던 찔레 순을 질겅거리며 뒹굴던 고향의 작은 언덕배기가 더러 생각난다. 빨갛게 익은 열매는 쪽빛의 하늘과 어울리면 절경의 산수화가 따로 없었다.

까치밥이라고 불리던 열매도 찬 서리가 내리고 맛이 들면 달착지근했지만 그것은 건드리지를 않았다. 깍깍거리며 좋은 소식을 실어 나른다는 까치에게 대접하고 싶어 그 붉은 열매를 차마 따지 못했던 것은 아닐까.

지금은 새순을 꺾어먹는 악동들이 없으니 고향의 찔레꽃은 무성하게 자라고 있을까. 주린 아이들이 많이 찾아주던 그때를 그리워하고 있을까. 소탈하게 피어서 어른 아이 가리지 않고 반겨주는 고향 지킴이가 되었을까.

무더기로 피어 손 흔들며 반길 것 같은 고향의 찔레꽃을 만나고 싶다.

황금비율의 삶

아파트 화단에 연분홍 동백 꽃송이들이 즐비하게 떨어져 있다. 생명이 다해 떨어진 꽃이라고는 믿어지지 않을 만큼 고와 하나를 주워 들었다. 활짝 피기도 전에 떨어져 싱싱한 꽃송이 그대로다. 꽃잎의 조화로운 배치에 감탄사가 절로 나온다. 겹동백은 두 꽃잎 사이로 또 하나의 꽃잎이 뒤를 살짝 받쳐주어 한 송이 꽃을 이루었다.

다른 식물들도 마찬가지다. 강아지풀의 긴 잎사귀도 지그재그로 엇비스듬히 균형을 이루고 대궁이 굵을수록 잎사귀 사이는 촘촘하고 위로 갈수록 가늘어지면서 잎의 간격은 조금씩 벌어진다. 식물뿐만 아니라 고동의 나선형 껍데기도, 물결의 간격도 모두 황금비율에 의해 작업된 신의 예술 작품이다.

사람의 눈으로 봤을 때 가장 안정적이며 아름답고 조화롭게 보이는 것을 황금 비율이라 한다. 1 : 1.618 의 비율이다. 1 : 1이 아닌 약간 어긋난

이 비율이 편안하게 보이기 때문에 사람들이 만들어 내는 예술 작품이나 입체형 물건들도 무의식 속에 적용이 되어 있다고 한다. 창문의 길이나 그림의 액자 등도 정사각형보다는 직사각형으로 되어 있는 것이 훨씬 보기에 편하고 좋은 이유가 여기에 있다.

오순도순 살아가는 이들을 보면 사람 역시 황금비율에 의해 완성된 가족이 아닐까 느껴질 때가 있다.

외환위기 때 남편의 실직으로 이일 저일을 전전한 친구가 있다. 그녀는 지난해부터 오후 서너 시에 시작해 새벽녘에야 일이 끝나는 야식당을 남편과 함께 운영하고 있다. 일을 끝내고 눈을 잠시 붙였다가 고3인 딸과 아들을 챙겨 학교에 보내고도 쉴 틈이 없다. 병으로 고생하는 시부모를 살펴드려야 하는 것도 그녀 몫이기 때문이다. 친정에서는 고명딸로 별 어려움 없이 자란 그녀였다. 잠시 짬을 내어 만난 그녀는 시어머님 생신과 할아버지 제사를 다 마쳐 한동안은 좀 편하겠다며 싱글벙글이다. 나의 걱정과는 반대로 그녀의 얼굴은 항상 밝고 맑다.

"기대치를 낮추면 힘들지 않아. 멀리 있는 동서에게 제사 음식을 맡기겠나, 어린 조카 셋이나 달고 있는 막내 동서에게 시부모를 챙겨달라고 하겠나, 기대를 안 하고 내가 할 일이려니 생각하면 괜찮아. 그래야 복도 나 혼자 다 받지. 하하하."

그녀는 너스레까지 곁들여 호탕하게 웃으며 남편이나 시동생 가족들도 제 위치에서 나름의 역할로 돕는다며 오히려 고맙다는 말도 덧붙인다.

나는 황금비율이라는 1 : 1.618 숫자에 의미를 부여해 본다. 1은 기본을 뜻한다. 그에 비해 1.618은 오묘한 수이다. 기본의 두세 배도 아니고 딱

맞아떨어지지 않는, '조금 더'의 의미를 지니지 않았을까 생각한다.

친구가 자기만을 위해 살았거나 형제니까 무엇이든 1 : 1의 비율로 해야 한다고 주장했더라면 그처럼 편하게 웃지는 못했을 것이다. 조금 더 배려하고 조금 더 노력했기에 멋진 하모니를 이룬 가정이 되었던 것이다. 황금비율이 1 : 1이 아닌 것이 얼마나 다행한 일인가.

조물주는 인체뿐만 아니라 인간내면의 세계도 황금비율을 적용해서 만들어 놓았다. 다만 조금씩 양보하고 상대방을 이해하는 사람에게만 넌지시 그것을 일깨워 조화와 안정이 깃든 아름다운 황금비율의 삶을 살도록 한 것이 아닐까 한다.

단디 해라이~

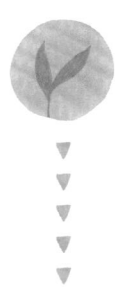

바닷가에서 소고기를 낚다

짬이 나면 바닷가로 나간다. 집에서 걸어서 갈 수 있는 곳. 매립지 끝에 이르면 섬이 보이는 부둣가에 이른다.

작은 고깃배 몇 척이 정박해서 한가롭게 흔들리고 있다. 산책을 나온 사람들, 운동을 하다가 들른 사람들 틈에 낚시꾼들도 간간이 섞여 있다. 배 사이에 낚싯줄을 드리워 놓고 소주잔을 주고받기도 한다.

바닷물이 시커멓다. 아무리 보아도 고기가 살 성싶지는 않다. 설령 고기가 산다고 해도 그곳에서 건져 올린 것은 먹지는 못할 것 같다. 야금야금 먹혀 들어간 바다는 이제 호수같이 작아졌다. 할 일 많았던 넓은 세상의 바다에서 밀려 나온 사람들이 마음 둘 곳 없을 때 찾아 들기 안성맞춤이다.

손 닿을 만한 거리에 있는 섬에서 직접 따와 끓여 먹었던 홍합 맛은 지금도 어머니의 혀끝에 남아 수시로 들먹거려지는데 몇 년 사이에 많이도 변했다. 온갖 부유물들이 눈앞을 어지럽힌다. 스티로폼 조각들과 커다란 베개에 냉장고까지 둥둥 떠 있다.

그래도 바다가 그리운 사람들은 이곳으로 몰려든다. 나도 그 틈에 끼여 남들의 고기통을 기웃거린다. 은행잎만 한 도다리 한 마리를 잡아놓은 통이 있었다.

"어쩌다 저놈은 길을 잘못 들어 이곳까지 흘러왔을까."

"바다도 생존경쟁이 치열한가 보지. 경쟁에 내몰린 녀석들이 방황하다 걸려들었을 거다. 어차피 바다에서 죽을 거 낚시꾼에게 즐거움이나 안겨주고 싶었는지도 모르지."

나의 대꾸에 옆에 있던 남편이 피식 웃는다.

옆에는 서너 살쯤으로 보이는 꼬맹이를 데리고 소풍을 나온 젊은 부부가 있다. 햄버거를 하나씩 물고 계단에 자리를 깔고 앉는다. 그 인형 같은 꼬마의 손에는 장난감 낚시가 들려 있다. 플라스틱 낚싯대의 줄 끝에는 빨갛고 조그만 플라스틱 물고기가 달렸다. 그것을 계단 아래 바다에 드리운다.

"은정아 무슨 고기 낚을래?"

"응. 소고기 낚을 거야."

그 대답에 모두가 웃는다. 아무것도 모르는 아이가 새까만 바닷물을 들여다보고 이곳에서 왜 소고기 덩어리를 건져 올릴 것이라고 생각했을까. 아무래도 이런 물에서는 물고기가 살아 펄떡거리는 상상을 아이도 할 수 없었을지 모른다.

웃고는 돌아섰지만 씁쓸하다. 그런데 몇 발짝 떼지 않아 아이의 맑은 고음이 들렸다.

단디 해라이~

"엄마 소고기 낚았어."

얼른 뒤돌아 아이의 새싹 같은 손이 가리키는 곳으로 눈길을 돌리니 과연 어느 낚시꾼의 낚싯줄에 주먹만 한 소고기 한 덩어리가 매달려 있다. 세상에나… 짙은 갈색 사이사이 약간의 허연 힘살까지 틀림없는 소고기다. 잠깐 사이 나는 엉뚱한 상상을 했다. 낚시꾼이 소고기를 들고 나와 깜짝쇼를 하는 걸까. 어느 부잣집의 소고기가 수입소로 인해 가치가 떨어지자 몰래 하수구를 통해 빠져 나와 투신을 했을까. 눈을 의심하여 바투 다가가 보았다. 둘둘 뭉친 양말 한 짝이다. 양말짝이 뻘을 뒤집어쓰고 영락없는 소고기 노릇을 한 것이다.

이곳은 몇 년 전 여름, 화난 바다의 기습으로 몇 명의 목숨을 앗아간 곳이기도 하다. 사람이 사는 땅과 바다의 완충지대였던 갯벌을 개발이라는 명목으로 앗아버린 후의 일이다. 나는 그 위에 지어진 집에서 살고 있어 여름이 되면 저 괴물 같은 시커먼 물이 또다시 덮쳐올까봐 두렵다. 자연이 내린 경고를 무시하고 지금도 그 화해의 땅을 메우는 무리 속에 살고 있다.

종과 종메

'뎅 뎅 뎅'

환청인지 이명인지 범종 소리가 아련히 들린다. 깊은 산중에서나 들려야 할 소리가 내 귓바퀴를 맴돌다니 무슨 조화일까. 세상일에 귀 기울이라는 소리인가, 내면을 들여다보라는 소리인가.

내 의식은 범종과 종메에 이른다. 범종과 종메는 어머니와 자식처럼 뗄 수 없는 관계이다. 둘 중 하나라도 없으면 존재가치가 없어지는 것이다. 한데 요즈음 그 불가분이라 여겼던 관계에도 쩍쩍 금가는 소리가 곳곳에서 들린다.

서너 달 전에는 고등학생이 어머니를 무참히 살해한 후 8개월이나 방치해 둔 채 먹고 자고 학교를 다닌 충격적인 일도 있었다. 어머니의 기대에 못 미치는 성적을 원하는 만큼 조작한 것이 탄로나 맞을 것이 두려워 저지른 일이라고 했다. 이 땅에 사는 어머니들의 일방적인 자식교육에 대한 사고를 얼마간은 바꾸어 놓지 않았을까 싶다.

 자신의 머리로 범종을 쳐 깊은 울림을 전하는 종메의 운명이 어머니를 닮았다는 생각이 든다. 때리는 자신은 얼마나 아플 것이며 맞는 종은 또 어떨 것인가. 혼자서 아이의 교육과 생계를 책임져 온 어머니에게 자식은 남편이자 자기 자신이었다. 아들의 성공이 곧 자신의 성공이었기에 기꺼이 종메 역할을 자처했을 것이다. 범종이 아무리 웅장해도 종메의 희생 없이는 웅숭깊은 소리는 고사하고 본분마저 잊는 수가 있다. 아들이 법관이 되어 세상의 정의를 부르짖는 범종이 되기를 원했기에 더 열심히 두드렸을 것이다.

 어머니의 바람대로 사람들 마음속 깊이 파고들어 가슴을 울리는 영향력을 만고에 퍼뜨릴 수 있었다면 얼마나 좋았을까. 세게 치면 칠수록 더 높이 더 멀리 퍼져 나가리라 여겼지만 종도 종메도 그에 걸맞지 않았다.

 범종은 만들 때 강도와 소리를 결정하는 구리와 주석의 비율이 알맞게 들어가야 한다. 또한 2,000도가 넘는 불에서도 견뎌내야만 제대로 된 소리를 낸다. 불순물이 섞이거나 주석을 많이 넣으면 깨져 버린다. 그의 어머니는 좀 더 강도 높고 훌륭한 소리를 내는 범종을 만들 생각에 재료들을 욕심껏 넣었던 것은 아닐까.

 종메도 그렇다. 눈비도 맞고 뜨거운 햇살에도 달구어져가며 지난한 세월 속에 속으로 단단해지지 않으면 종메가 될 수 없다. 단단한 나무로 시련을 겪어온 종메와 적당한 재질과 인내의 과정이 있은 후의 범종이 만났을 때라야 그에 알맞은 소리와 음색을 갖출 것이다. 만인이 그 앞에서 합장하는 웅숭깊은 소리를 내기 위해서는 둘 다 인내하고 기다렸어야 했다.

범종 없이는 종메도 한낱 통나무 조각에 불과하고 종메 없는 범종 역시 미세한 바람결에도 소리를 내는 풍경보다 못하다는 것을 왜 몰랐을까.

교육은 말로만 되는 것이 아니다. 부모의 말 한마디 작은 행동 하나가 자식의 인격형성에 필요한 자양분이 되어 자연스레 몸에 배는 것이다.

내게는 늘 배가 고팠던 어린 시절이 있었다. 어쩌다 이른 잠에 들었다 깨면 식구들이 고구마로 끼니를 해결하고 있을 때가 있었지만 눈을 감고 자는 척하며 일어날 수 없었던 기억이 있다. 어렸지만 다른 식구들이 더 먹을 수 있게 배려를 한 것이었다. 그것은 누가 강요를 한 것이 아니다. 부모가 행하는 일은 범종의 여음처럼 가슴에 스며든다.

지나친 사랑은 오히려 결핍을 낳는다. 공들인 만큼 되돌려 받으려 한다면 자식은 또 얼마나 숨이 찰 것인가. 자식의 행동이 나를 되비추는 거울이다. 어쩌면 가장 중요한 교육은 눈으로 보고 듣는 것보다 보이지 않는 마음의 울림이 아닐까. 진심은 말하지 않아도 통하게 되어 있는….

종메는 자신을 희생한 만큼 되돌려 달라고 하지 않는다. 그저 맑은 소리로 답하는 것에 만족할 뿐이다. 큰 울림을 전하려는 범종에 종메가 꼭 필요한 것처럼 위인들 뒤에는 훌륭한 어머니가 있었다.

'뎅 뎅 뎅'

내 안에서 울리는 범종 소리에 아들의 건강과 성공을 기원하는 마음이 된다.

단디 해라이~

생활 속의 짚풀 공예

작년 이맘때였나 보다. 시골의 어느 찻집 모퉁이에 짚풀 공방을 차려놓은 것이 눈에 띄었다. 보릿대를 눌러서 가붓이 만든 여치집이 눈길을 끌었다. 풀로 만든 여치도 몇 마리 흔들거리고 있었는데 그 어느 공예품보다 정교하고 아름다워서 눈을 뗄 수 없었다. 우리 하는 양을 바라보던 공방 주인이 두어 가닥의 풀을 집어 들어 만지작거리더니 순식간에 다리를 오그리고 방아를 찧는 여치 한 마리를 만들어주었다.

둥구미며 따리 등 짚으로 엮은 소품들이 아련한 추억 속으로 불러들이고 있었다.

추수를 끝내면 지붕 이어주기 품앗이를 벌였다. 황금빛으로 환하게 변해가는 지붕을 보며 마당 멍석에는 점심이 잔칫상처럼 차려졌다. 어른들이 점심을 먹을 동안 우리들은 차곡차곡 쌓인 짚가리 밑에 아지트를 만들었다. 친구와 나란히 누워 있으면 얼마나 포근하고 아늑했던지 소르르 잠이 들기도 했다.

　마음대로 상상하고 지어보다 잘못되어도 또다시 만들 수 있는 것, 재료를 많이 쓴다고 꾸중을 들을 일도 없으며, 잘못 만들었다고 타박을 들을 일도 없다. 그냥 죽 펼쳐놓고 칸만 질러놓으면 내 방도 되고 동생 방도 순식간에 만들 수 있다. 지붕이 없어도 그만이고 벽 사이를 펄쩍 뛰어 건너도 괜찮은 곳, 그렇게 쉽사리 친해질 수 있었던 것이 짚이었다

　만물의 근원이 짚에 있었다. 예전엔 아기를 낳으려면 산실에 짚 한 모숨을 펼쳐놓고 그 위에 정화수 한 그릇 얹어 삼신상을 차렸고, 태어나면 잡귀를 막아준다는 금줄도 짚을 외로 꼬아 만들었다. 그뿐인가. 청산도의 초분은 주검을 짚으로 덮고 싸매놓은 것이었다.

　소나 돼지도 새끼를 낳으려면 깨끗한 짚으로 자리를 마련해 주는 것을 보았고, 겨우내 마소의 양식인 여물도 짚이었다. 태어날 때부터 죽음에 이르기까지 우리 곁을 지키니 짚은 인간생활의 기본 요소인 의식주를 해결해 주는 존재이면서 생활문화를 낳게 했다.

　지붕은 물론이고 벼를 저장하는 뒤주로부터 작은 씨앗을 담아두는 씨오쟁이까지 짚으로 만들어졌다. 사는 모습이 공방을 차린 듯했고 생필품 자체가 세상에 하나밖에 없는 소박한 예술품이었던 것이다.

　짚은 보온과 통풍이 잘 되어서 닭둥우리를 엮는 재료로도 비할 데가 없었으며 겨울에는 나무와 화초를 덮어주어, 사람뿐만 아니라 식물 동물에 이르기까지 짚의 혜택을 누리지 않는 게 없었다.

　짚과 풀은 농경문화가 시작된 이래 가장 가까이에서 흔하게 대할 수 있는 친숙하고도 서민적인 것이다. 투박하고 조금 거친 듯하면서도 따뜻함

단디 해라이~

을 한껏 간직한 감촉이 정겹다. 어쩌면 우리의 가장 향토적인 문화가 짚 문화가 아닌가 한다. 알곡을 털어내고 남은 짚으로 필요한 물건을 만들어 쓰는 것을 시작으로 문화가 형성됐던 것은 아닐까.

무디고 억센 손으로 엮고 꿰매고 두드리고 꼬아 만드는 것을 시초로 공예문화가 형성되고, 알록달록 몇 가닥의 염색을 해 넣음으로써 염색이나 그림, 매듭, 조각품 등 예술작품의 서막을 연 것이 아니고 무엇이랴.

볏짚 한 오라기가 새끼로, 다시 정성 들여 생명을 불어넣는 작업을 거치는 과정에서 만드는 이의 혼과 기가 자연스럽게 스며들어 검불에 지나지 않던 것이 훌륭한 그릇으로 신발로 가방으로 변하는 것이다. 그 모습을 보고 있노라면 세월도 잊고 시름도 잊는다. 누구나 쉽게 배울 수 있고 재료들이 지천에 널렸으니 마음만 먹으면 모두가 공예가가 될 수 있었다. 우리 조상들은 이렇게 여유롭게 자연과 타협하며 생활하고 여가도 짚을 만지며 보냈던 것이다.

긴긴 겨울밤, 아래채에서는 밤늦도록 장년들이 모여 새끼를 꼬았다. 사그락 사그락 새끼 꼬는 것을 보고만 있어도 재미가 있었다. 짚을 서너 개씩 양손에 쥐고 밑동을 발바닥으로 고정시킨다. 양 손바닥에는 침을 퉤퉤 뱉어가며 꼬아야 손도 덜 아프고 짚도 부드럽게 어울린다. 발바닥으로 밟아가며 길게 꼬아 엉덩이 뒤로 서려 놓은 걸 보면 밤새 한 일이 대견스러워 자꾸만 뒤돌아보게 된다. 그 새끼는 멍석이나 가마니도 되고 묶고 꿰기 위한 끈으로서의 역할도 훌륭히 해낸다.

짚을 엮어 만든 예술품들은 푸근하고 안정감이 있다. 플라스틱이나 유리처럼 깨지는 것도 아니고 값나가는 공예품처럼 잃어버릴 염려도 없다.

쓰임새도 다양했다. 똬리를 엮어 물동이 밑에 놓아 안전하게 물을 길어 나르게 했지만, 길가에 앉을 때는 괜찮은 멧방석이 되기도 한다. 나는 그 예쁜 똬리를 빙빙 돌리며 가지고 노는 장난감으로도 삼았다. 빙 둘러앉았던 멍석은 여름 하늘의 별을 세어가며 식구들이 한곳에 앉아 화합을 다지는 장소가 되기도 했다. 비가 올 때면 도롱이도 만들어 쓰고 다녔는데 그것조차 깔고 앉으면 방석이요 드러누우면 그대로 자리가 되는 것이다.

짚으로 만든 것은 수명은 짧지만 해지면 소 발밑에서 다시 거름이 되어 자연으로 돌아간다. 세상을 오염시킬 찌꺼기를 남기지 않는다.

공방에서 한 쌍의 여치를 얻어들고 버스를 탔을 때 내 가방 위에서 흔들거리는 여치를 살아 있다고 여겼는지 멀찍이 앉았던 부인 한 사람이 다가와서 만져 보고는 정말 만든 거냐고 몇 번을 물었다. 그 여치가 올가을엔 자연스럽게 보호색으로 옷을 바꿔 입은 것처럼 색이 변해가고 있으니 나 자신도 진짜 생명체인 것처럼 여겨진다.

누구나 예술가가 될 수 있게 하는 짚풀, 따뜻하고 정감 가득한 짚풀 문화에서 벗어나 잠시 화려한 문화생활에 젖어 있었나 보다.

집 뒤꼍에 갖가지 곡물의 씨앗을 담고 높은 추녀 아래 매달려 있던 씨오쟁이가 눈에는 잘 띄지 않지만 가장 중요했던 것처럼 우리도 삶의 뒤뜰로 밀려나 버린 옛것들을 살피고 지키며 살 일이다.

단디 해라이~

토담 아래서

토담에 기대어 서 본다. 흙 한 켜 돌 한 켜씩 이루어진 토담이다. 삐죽삐죽 돌이 튀어나와 거칠지만 다정하다.

몇 해 전 여름에 두어 시간 불어닥친 태풍으로 내가 사는 마산이 휘청거렸던 적이 있다. 해안가에 쌓아둔 아름드리 통나무마저 그 위력 앞에서 맥을 못 추고 휩쓸려 다니며 도시의 곳곳을 부딪고 떠미는 바람에 피해가 더 많았다.

한순간 악다구니를 쓰고 가버린 태풍 매미였다. 지척에 있는 지하 오락실에선 청소년들이 주검이 되어 실려 나왔고 아파트 지하주차장에서는 불어나는 물에 잠기는 차를 옮기러 갔던 한 노인이 영원히 세상 밖으로 나오지 못하고 말았다.

그렇게 세상을 다 날려버릴 듯 위풍당당하던 태풍도 이 시골 한구석의 성글고 초라한 토담은 어쩌지 못했다. 토담이 둘러싸고 있는 낮은 움막도 자잘한 새싹들이 꿈틀대는 남새밭도 온전했다. 끄떡없는 당당함에 감탄이 절로 나온다. 무엇이 담을 버티게 했을까. 간단하다. 얼기설기 여유롭게 얽혀 있는 토담은 바람과 맞붙어 싸운 게 아니라 바람을 받아들인 것이었다. 성난 바람을 다독여 오히려 순하게 만들었다. 바람을 품어 안아 잠재워 주었던 것이다.

토담은 그런 존재다. 무엇이나 토담 옆에 있으면 멋진 풍경이 되고 이야기가 된다. 봄에는 마른 담쟁이의 눈을 뜨게 한다. 토담 아래 한 모퉁이 차지한 앵두나무도 좋은 풍경이다. 오가는 아이들이 팔짝 뛰어 가지를 휘어잡아 바알간 앵두를 훑어 입 안에 털어 넣을 수 있겠다. 여름이면 능소화 드리워 땡볕을 가려 줄 것이다. 요염한 능소화가 시골의 토담에 안겨 있으면 어느새 해사하게 웃는 시골 아낙네가 되어버린다.

잎사귀 다 떨구고 푸른 하늘 바탕에 선홍색 감만 주렁주렁 매달고 선 감나무를 바라볼 수 있는 가을은 또 어떤가. 겨울에는 따뜻한 햇빛 바라기를 위해 토담아래 옹기종기 나앉은 노인들에게까지 좋은 배경이 되어 찍힌다. 쓰러질 듯하면서도 당당하게 버티는 건 혼자가 아니어서 가능하다. 담쟁이가 얽히고 능소화가 기대고 감나무 뿌리도 받쳐주고 있기 때문이리라.

토담은 누구든지 밀어내는 법이 없다. 거미가 구석구석 집을 지어도 말이 없다. 햇빛에 반사되어 반짝거리던 이슬 젖은 작은 거미집들은 돌이 박힌 토담에서는 예사로 볼 수 있었다. 쥐들이 들락거리며 구멍을 내어도 그냥 바라만 본다. 뱀이 허물 벗은 옷도 걸어놓게 한다. 아이들이 얼굴을 짓뭉개도 웃기만 한다. 어울렁 더울렁 어울리라고 한다. 머리 위에는 호박덩이를 얹고도 발밑에는 맨드라미, 봉숭아를 키운다. 토담은 씨앗을 씨앗의 존재로 만들어 준다. 멀리서 날아온 씨앗 하나 몸을 뉘어도 흙을 덮어주어 싹을 틔우게 한다. 작고 힘없는 잡초라야 뿌리내릴 수 있게 잡아준다.

토담은 옆사람을 돌아보게 한다. 흙돌담집에 살던 어릴 적 동무가 생각나고 집 나간 아들이 돌아오기를 기다리며 하염없이 돌담 아래 앉아 해바라기를 하다 정신까지 놓쳐버린 먼 친척 노인을 생각나게 한다.

여름에는 그늘을, 겨울에는 햇살 끝을 찾아 토담 아래로 모여들었다. 한여름 뙤약볕 아래서 공기놀이를 할 수 있는 것도 토담 아래에서였다. 한겨울에 오종종 모여들어 구슬치기나 사방치기놀이를 하던 곳도 그곳이다.

토담은 기와도 어울리지만 초가와 더 어울린다. 초가를 집답게 만드는 건 토담이다. 최소한의 경계만 지어준다. 별스럽게 숨길 것도 없는, 그렇다고 다 드러내기도 부끄러운 초가를 살짝 가려준다. 성난 바람이 집안을 기웃대는 걸 막아선다. 솟을대문이 없으니 높이 쌓을 필요도 없다. 아이들이 까치발을 모으고 서면 집안이 보일 정도로만 올린다. 비라도 오는 날이면 부침개 만들어 슬쩍 넘겨주는 인심도 토담이 낮았기에 가능했다.

토담은 가식 없이 늘 내 곁에 있는 친구 같아서 좋다. 그 옆에 기대어 속내를 드러내도 좋다. 심술궂은 태풍의 마음도, 줄기차게 내리는 소낙비의 거칠음도 온몸으로 받아줄 수 있는 토담의 너그러움이 좋다.

나도 누군가 기댈 수 있는 배경이 된다면, 누군가의 바람막이가 되어 품어 안을 수 있다면 좋겠다.

잃어버린 고향을 찾아서

시간이 정지된 곳이 있다기에 찾아 나섰다. 잃어버린 고향을 찾을 수 있지 않을까 해서였다.

초가 몇 채가 머리를 맞대고 오수에 졸고 있을 거야. 돌담에 손을 짚어가며 고샅길을 돌아 나오면 마을 어귀쯤 깊디깊은 우물이 있을 거야. 차가운 우물 한 두레박 퍼 올리면 폐부까지 서늘해지는 맛을 볼 수 있겠지. 다랑논 다닥다닥 하늘까지 쌓아올린 언덕배기에도 올라 보아야 하리. 맑은 눈으로 보면 노란 떡고물 같은 벼꽃들의 수줍은 모습도 볼 수 있을 거야.

봄에는 하늘에서 내려주는 빗물 가두고 누렁 소 앞장세워 써레질을 했겠지. 산마루 거꾸로 내려와 아른아른 논바닥에 어리면 다랑논에 모내기를 했을 거야. 때맞추어 들려오는 '펴-고 펴-고' 하는 뻐꾸기의 장단에

단디 해라이~

"허리 펴란다."며 모내기하는 어른들은 엉거주춤 하늘을 올려다보는 거야. 지금도 애절한 그 소리 환청으로 들려올 것 같아.

백로 한두 마리 소나무에 앉아 준다면 더없이 아름다운 풍경일 텐데. 산자락 휘감아 내리는 계곡의 널찍한 멍석 돌 위에서는 발이라도 담그고 친구들과 노닥거려야지.

빨래 몇 가지 담아 이고 집을 나서면 설핏한 산 그림자 내려앉아 온몸에 오소소 소름이 돋을 때에야 물에서 나왔던 때가 있었지. 개울 옆 밭두렁에는 꼬맹이들이 오를 만한 감나무도 있을 거야. 빨래하고 멱 감다 시들해지면 감나무에 올라앉아 노래도 불러야 하거든.

어둑해지면 맨드라미, 분꽃이 가득 핀 마당가에 모깃불 놓고 애호박, 감자 덤벙덤벙 썰어 넣어 구수한 칼국수를 한 솥 그득 끓여야지. 모깃불 잦아들면 평상 위에 모기장 치고 그 안에 들어, 내 어릴 적 어머니가 그랬던 것처럼 밤새도록 이야기꽃을 피울 거야. 친구들도 맞장구치며 나를 따라나서길 잘했다고 웃음꽃 피울 거야.

성에 낀 유리창을 통해 아름다운 창밖의 풍경을 바라보듯 아련히 떠오르는 고향을 그리며 마음속으로 주문을 왼다.

한국에서 가장 아름다운 길이라는 창선대교를 지나 해안도로 300km를 달려, 남면 가천의 다랭이 마을에 발을 디뎠다. 등허리에 업힌 아이처럼 산 중허리에 마을이 다소곳이 자리 잡고 있었다. 포대기 끈이 조금만 풀리면 그대로 주르륵 바다에 미끄러질 듯 위태로워보였다. 넓은 바다에 작은 통통배 하나 과거와 현재를 가르는 듯 지나간다.

난바다의 수평선과 하늘 경계가 사라지고 없다. 뒤돌아서 치어다보니 산과 하늘의 경계도 구름을 사이에 두고 이마를 맞대고 있다. 내려다보면 논두렁과 논바닥도 온통 초록물결로 눈이 시려 구분하기가 힘들다. 하늘과 산과 바다가 하나로 이어지는 곳, 그 연결고리에 다랭이 마을이 있었다.

그래야 하리. 바람처럼 지나가는 세월을 서로 팽팽하게 경계선 그어놓고 신경전을 벌이고 있을 때인가. 노동자와 사용자가, 시위대와 경찰이, 시어머니와 며느리가 화해의 악수를 청해야 하리. 살면서 한번쯤은 마음속에 품었음직한 반목과 불신과 원한의 감정들도 이곳에서만은 허물어지지 않을까.

설흘산 너덜겅 돌을 골라내고 생긴 대로 만든 농토는 그대로 굽이굽이 우리네 인생사만 같다. 높은 곳에 있으나 낮은 곳에 있으나 똑같이 닮았다. 밭 한 떼기 일구면서 갈맷빛 바다만을 하염없이 바라보았으리. 이들에게도 바다 너머 희망이 얼비쳤을까. 집도, 골목도 농토도 모두가 비탈에 있다. 망망대해를 바라보며 그들도 수평선 너머 이상향을 꿈꾸었을까.

안마당에도 집채 같은 돌이 버티고 앉아 있고, 삿갓배미 논 한가운데도 고래 등 같은 돌이 박혀 있다. 그 위에 올라서니 명치끝에 바위 하나 얹힌 듯 가슴이 옥죄인다.

치마폭을 펼친 듯 드넓은 앞바다를 거느리고도 통통배 하나 댈 만한 부두가 없다. 그렇다고 다랑논 몇 마지기에 농촌이라 이름 붙이기도 뭣하다. 남들이 코앞에 그물을 놓아도 보고만 있어야 하고, 상황이 이러하니 밥상에 올리는 생선조차 사다먹어야 한단다. 이 기막힌 현실에서도 풍농과 마을 안녕을 비는 '밥 무덤'이라는 것이 있어 매년 제사를 지낸단다. 마을 중앙에 있는 거대한 선돌 '암수바위' 또한 풍요와 다산을 가져다줄 미륵불로 여길 만큼 동리인의 신망을 받고 있다. 경배물 앞에서 나도 슬그머니 비손이 된다. 다랭이 마을이 옛 모습 그대로 평화롭게 남아 있기를. 마음속으로 빌다보니 이것 역시 나의 이기심이다. 관광객의 입맛에 맞춰 현대식 건물을 지어 민박이라도 하고, 모심고 타작하는 농촌체험을 시켜서라도 그들이 기원하는 풍요를 얻을 수 있다면 나의 기원도 방향을 바꾸어야 하리.

 마을의 빈 터를 차지하고 헤벌쭉 피어 있는 외래종 기생초가 가시 되어 가슴을 찔러 온다. 농촌 전통 체험마을로 지정되면서 전망 좋은 땅들을 하나 둘씩 점령해갈 외지인들이 생각나서일까. 개발이라는 이름으로 빼앗긴, 내 유년의 뜰에 줄지어 서서 손을 흔들어 주던 미루나무들이 쓸쓸하게 떠오른다.

 이곳에서 고향의 그림자라도 찾으려 했던 내가 어리석었는지 모른다. 동네 가운데 지워지지 않는 흉터처럼 자리한 얕은 우물은 오랫동안 사용하지 않았나 보다. 부유물들이 둥둥 뜨고 줄 끊어진 도르래는 나의 추억을 싹둑 잘라놓았다. 퍼내도 퍼내어도 마르지 않던 내 기억 속의 우물은 어디에서도 볼 수 없었다. 온몸 풍덩 던지고 싶었던 맑은 개울도 찾기는 힘들 것 같다.

 과거와 현재를 아우르는 중간쯤에 다랭이 마을은 안간힘으로 버티고 있었다. 8월의 염천 때문만은 아니었다. 포클레인의 육중한 완력에 속수무책 당하고만 있었다.

사람들 입에 오르내리면서 졸속으로 지어진 현대식 숙박업소가 군데군데 들어섰다. 지금도 공사는 진행 중인지 싯누런 황톳물이 도랑을 메우고 바다로 흘러들었다.

내가 찾던 빨래터가 될 법도 한데 바닥은 누렇게 더께가 내려앉았다. 안타까운 마음에 물줄기를 따라가 보았다. 흙탕물이 바닷물과 합수되는 곳에서 불과 한 뼘도 지나지 않아 푸른 바닷물에 아무 일도 없었다는 듯 안겨들고 있다. 아무리 바다의 품이 넓다 하지만 이렇게 쉽게 포용할 수 있다니. 우리가 사는 세상도 이처럼 되면 좋으련만.

서러움이 뚝뚝 흘러내릴 것 같은 설흘산 자락 한 모롱이에 터 잡고 사는 사람들. 하늘 향해 신단을 쌓듯 정성 들여 생명의 시원인 농토를 일구어 놓았다. 하늘과 교신하며 자연의 법칙을 따르며 살아간다.

부족한 것은 조금씩 천천히 채워가며, 넉넉한 품으로 살아가는 촌로들. 그을린 그들의 얼굴에서 아리게 남아 있는 고향 내음과 정서를 담아간다.

가사문학의 산실은 지금

경상도를 벗어나자 시야에 들어오는 풍경부터가 새로웠다. 응달에는 세밑에 내린 눈이 그대로 얼어붙어 반짝였고 낮은 포복을 한 산 아래부터 안개가 걷히면서 오늘의 여행길이 환하게 열릴 걸 예고하고 있었다.

눈과 대나무, 이보다 잘 어울리는 풍경이 또 있을까. 그 속에 아담한 정자라도 고즈넉이 서 있다면 금상첨화일 것이다. 오늘 우리가 찾아가는 곳이 대나무로 유명한 담양이 아닌가. 더구나 가사문학의 산실인 정자들을 찾아가는 길임에랴.

지천명을 눈앞에 두고 있지만 아직도 어린아이처럼 여행을 간다거나 옛 친구를 만날 약속이라도 하고 나면 뜬눈으로 밤을 꼬박 새운다. 그 탓에 얼굴은 부스스하지만 머릿속은 기대로 차 있다.

제일 먼저 도착한 곳은 죽물竹物박물관이었다. 조선시대 죽제품에서 현대의 죽공예품, 침대에서부터 참빗에 이르기까지 별의별 것이 다 전시되어 있었다.

> 나모도 아닌 거시 풀도 아닌 거시
> 곳기는 뉘 시기며 속은 어이 뷔연난다
> 뎌러코 사시예 프르니 그를 됴하 하노라

　윤선도의 〈오우가〉 중 대나무 한 소절을 읊으며 우리는 대나무의 고장에서 대통 밥 한 그릇씩 깨끗이 비워내고 수십 년 경력의 관광버스 기사조차 가본 적도 들은 적도 없다는 '면앙정'을 물어물어 찾아갔다. 아득히 보이는 면앙정을 찾아 대숲 돌계단을 지나가는 길엔 눈이 소복이 쌓여 있었다. 대숲에 내린 눈이 팥빙수 같아 조심스러웠다.

> 10년을 경영하여 초려삼간 지어내니
> 나 한 칸 달 한 칸에 청풍 한 칸 맡겨두고
> 강산은 들일 데 없으니 둘러두고 보리라

　이 시조처럼 방 한 칸에 양쪽으로 마루인 이곳은 호남 제일 가단의 창시자인 면앙정 송순이 벼슬을 버리고 귀향하여 시를 읊으며 유유자적하게 보낸 곳이다. 세월의 무상을 말해주듯 빈 까치집 하나가 200여 년이 훨씬 지난 참나무 가지에서 내려다보며 객들을 맞아주었고, 빙 둘러선 대나무 숲은 탁 트인 들녘 풍경을 가릴까봐 키도 키우지 않고 나지막이 엎드렸다. 앞마당 한 귀퉁이엔 사계절의 아름다운 경치를 수려한 필치로 묘

사해 놓은 〈면앙정가〉의 서사序詞 한 부분이 새겨진 작은 기념비가 서 있었다.

〈면앙정가〉는 정극인의 〈상춘곡〉에서 영향을 받았으며 정철의 〈성산별곡〉으로 이어지는 가교 역할을 한 가사 문학의 흐름에서 대단히 중요한 의미를 지니고 있다.

이 자리에 선 여남은 문학인들도 편지만으로 사랑을 속삭이던 농경시대에서 시간을 다투는 정보화 시대의 문학까지도 아우를 수 있는 교량 역할을 해야 되는 시대소명을 타고난 사람들이란 생각을 해 보았다.

다음으로 들른 곳이 송강정이다. 송강정은 소나무로 둘러싸여 있었다. 송강이 관직에서 물러나 4년여 은거생활을 하며 〈사미인곡〉과 〈속미인곡〉을 지은 곳이다. 송강이 거처했던 당시에는 정자 터 아래로 개울도 흘렀고 주변의 경관도 더없이 좋았다는데 세월의 흐름 따라 멀지 않은 고속도로에서는 차들이 소음을 내며 달린다. 어디에고 맑은 물 흐르는 개울은 찾을 수가 없었다. 화강암 대리석에 말끔하게 새겨진 〈사미인곡〉〈속미인곡〉 시비도 정자와는 어울리지 않아 아쉬웠다. 소나무밭을 내려오면서 들은 K시인의 멋들어진 창 한 소절이 오히려 분위기와 운치를 더해 덩달아 덩실덩실 신이 났다. 조선조 최고의 가사 작가인 송강의 영혼도 어깨춤을 추며 추임새를 넣지 않았을까 싶었다.

오백여 년의 세월을 거슬러 옛 문인들과 현대의 문인들이 만나는 길에 빼놓을 수 없는 것 또한 해학과 골계미 아닌가. 다음 장소로 이동을 하면서 우리는 입을 다물지 못할 정도로 웃느라 정신이 없었다. 시대를 꼬집는 농담과 남녀상열지사, 한자성어 등 푸짐한 우스개에 젖어 잠깐 사이에 광주호를 내려다보는 식영정 언덕배기를 오르고 있었다.

식영정은 명종 15년 김성원이 스승이자 장인인 임억령을 위해 지은 누각이었다.

가파른 돌계단을 따라 오르니 정자가 나타났다. 그림자조차 쉬게 하려 한다는 뜻 때문인지 소나무 숲에 살며시 앉은 식영정 주변의 자연경관은 그곳에서 눌러살고 싶은 곳이었다. 아름드리 소나무 사이로 반쯤 얼어 잔물결이 피아노 선율처럼 파장을 이루는 광주호를 바라보니 머릿속에 시 한 줄 들어와 박혔다.

"天孫(직녀)가 짠 구름 같은 비단을 누가 베어내어서 잇는 듯 펼치는 듯 호화스럽게 펼쳐 놓았구나."

〈성산별곡〉 한 구절이다.

너무나 할 일 많은 이 시대를 살아가는 남자들이 시 한 수 가슴에 들어앉힐 여유도 없이 사는 게 불쌍하다고 해야 할지 복이라고 해야 할지 안타깝기만 했다.

가사문학관을 둘러보고 드디어 소쇄원으로 발걸음을 옮겼다. 우리 전통 정원의 모습을 잘 보여준다는 소쇄원, 맑고 시원하다는 뜻을 가진 소쇄원으로 가는 길은 하늘을 찌를 듯한 대숲을 지나야 했다. 그것만으로도 이름값하기에 충분했다. 씻은 듯이 맑고 깨끗하여 홍진을 뛰어넘는 기상이 있어야 하는 선비들이 훌륭한 학덕과 고매한 인품을 가졌으면서도 속

세와는 거리가 먼 곳에서 서로 학문을 논하고 시를 주고받으며 유유자적할 수 있는 곳으로는 최적이었다. 대나무 사이로 붉은 놀을 머금은 해가 마지막 열정을 쏟아내고 있었다. 손을 모으고 농 삼아 딸 하나 점지해 달라는 주문을 하니 모두들 어이없는 표정들이었다. 소쇄원 앞으로 흐르는 개울물 위로 돌담이 인상적이었다. 우리 몇몇은 소쇄원이 정자 이름인 줄 알고 한참을 찾아 헤매는 촌극을 벌이기도 했다. 남이 올라가니 그곳에 아주 근사한 소쇄원이 있을 것만 같아 줄래줄래 따라가다, 내려오는 사람에게 그 위에 무엇이 있느냐고 물으니 아무것도 없단다. 아주 오래전에 인상적으로 읽은 《꽃들에게 희망을》이라는 책 내용이 생각나 슬그머니 미소를 지었다. 위로 위로만 치닫는 기둥을 보고 그 위에는 꼭 꿈꾸는 이상이 있을 것 같은 생각에 남을 밀치고 머리도 짓밟으며 올라가 보니 아무것도 없고 내려가는 길만 남았더라는 이야기이다.

다음으로 찾아간 곳은 환벽당과 취가정이었다. 가사문학관을 중심으로 걸어서 갈 수 있을 만큼의 거리에 식영정, 소쇄원, 환벽당, 취가정이 자리 잡고 있었다. 환벽당 앞 연못은 꽁꽁 얼었고 결혼기념사진을 찍는 연인이 얼어붙은 연못에 쌓인 눈 위에서 어깨를 훤히 드러낸 채 포즈를 취하고 있어 보는 내가 으스스 떨렸다. 썰매를 타는 아이들을 보는 내 마음은 어느새 어린 시절로 돌아가 대나무 아래 얼어붙은 냇가에서 얼음을 지치고 있었다. 돌계단을 올라 환벽당을 구경하고 돌담길을 따라가 취가정까지 감상을 했다. 뜰에 심어진 늙은 배롱나무의 미끈한 자태를 보니 꽃이 피어 있을 때 한 번 더 오고 싶다.

자연경관 수려한 곳에 정자를 지어놓고 서로 보고프면 한달음에 달려와서 술잔을 기울이며 풍류를 즐기고, 임금의 은혜를 노래하고 자연을 예찬하는 그들은 신선이 아니고 무엇이겠는가. 세상근심 잊어버리고 그들이 남긴 발자취를 찾아가며 희희낙락하는 우리들 또한 신선놀음 흉내를 내고 있는 게 아닌가. 세상 곳곳에는 뱃속의 욕심을 채우기 위한 추잡한 일들로 잡음이 끊이지 않은데 말이다.

경치 좋은 곳에 자그마한 정자 하나 지어 뜻 맞는 친구와 누마루에 누워 청풍명월 들여놓고 주거니 받거니 재미난 이야기 나누며 살고 싶다. 시나 산문이면 어떻고 그 중간형태의 가사면 또 어떠리. 그것도 안 되면 말없이 가만히 누워 빈 하늘만 바라보는 것도 좋겠다.

제 **5** 부

마 음
트 기

2008. 한겨울 어느 아침

　그날 아침은 전국이 꽁꽁 얼어붙었다. 올 들어 최저기온이며 매서운 한파가 몰아칠 거라는 예보 때문에 나도 두터운 목도리와 장갑까지 끼고 나선 참이었다. 숨을 내쉴 때마다 허연 입김이 공중에서 떨리는 듯하다가 사라졌다. 추운 날씨에도 정류장에는 많은 사람들이 벌써 버스를 기다리고 있었다. 나도 그 삶의 대열에 끼어 하염없이 서 있었다.
　얼마나 서 있었을까. 추위에 얼어붙은 듯 서 있던 사람들이 약속이나 한 듯이 주춤주춤 한 걸음씩 뒤로 물러섰다. 목을 빼고 보니 작달막한 키의 민머리 중노인이 엉거주춤한 자세로, 반쯤 오그라붙은 듯한 손을 든 채로 구걸을 하고 있었다. 말 한마디 없이 팔꿈치를 허리에 붙이고 아주 천천히 사람들 앞을 지나갔다. 그 속도에 비례하여 사람들은 하나같이 두어 걸음씩 뒷걸음질 치고 있는 것이다.
　곧 내 앞에 당도할 것이다. 그가 도착하기 전에 결정을 해야 한다. 장갑을 벗고 백 속에 든 지갑에서 돈을 꺼내 주는 것만으로도 귀찮은 날이다. 나는 순간 다른 사람도 주지 않는 돈을 주는 것은 잘난 척 하는 것처럼 보이기도 할 것 같고, 어쩌면 가족들이 그를 이용해 돈을 벌고자 이 추운 겨울 아침에 거리로 내몰았을지도 모르겠다는 생각을 했다. 이 귀찮은 순간을 모면하고 싶은지도 몰랐다. 한편으로는 거지 모습을 하고 인간을 시험하는 천사의 이야기도 떠올렸다. 짧은 순간 그 많은 생각을 한 것은 주지 않아도 좋을 핑계 거리를 찾고 있었던 것이다.

마침내 그가 내 앞에 섰다. 참으로 난감한 노릇이다. 얼굴은 이미 얼어서 벌그죽죽하고 얇은 바지에는 얼룩덜룩 물이 배였다. 구멍이 숭숭 뚫린 여름 고무샌들 안에서는 발이 시커먼 비닐봉지에 둘러싸여 있다. 한 발짝씩 움직일 때마다 발이 말을 대신해 부시럭부시럭 소리를 낸다. 그가 입으로 하는 구걸의 말보다 훨씬 더 애처롭다.

나는 그 발에 털신 하나라도 신겨주고 따뜻한 국물 한 그릇이라도 먹여야 하는 게 사람 된 도리라고 생각했다. 하다못해 내가 두르고 있는 목도리라도 그 허허로운 머리에 씌워주어야만 될 것 같다. 하지만 내게는 모든 사람의 시선을 받으며 목도리를 씌워줄 용기가 없었다. 엉거주춤 뒤로 물러나 지갑을 열고 손에 집히는 대로 천 원짜리 두세 장을 꺼내 그의 손에 얹어 주었다.

그는 의외라는 듯 나를 물끄러미 보더니 더 이상 다른 사람에게 손을 내밀지 않았다. 대신 한쪽 구석에 허연 서리를 뒤집어쓰고 밀려나 있는 포장마차 뒤쪽으로 숨어버렸다.

아마 내가 준 돈을 세어보고 또 세어보는지도 모르겠다. 오늘 아침, 배

단디 해라이~

는 따뜻하게 채울 수 있을지, 양말 한 켤레는 살 수 있는지 가늠해 볼지도 모를 일이다.

마침 기다리던 버스에 올라 두어 정류장을 지났을까. 젊은 새댁처럼 보이는 외국인 두 사람이 탔다. 승객 모두에게 볼펜 한 자루씩을 나누어주더니 노래 선물을 하겠다고 한다.

"얼굴 찌푸리지 말아요. 모두가 힘들잖아요…."

몸까지 흔들어가며 끝까지 서툰 한국어로 노래를 부른다. 저들은 우리를 위로하기 위함인가. 위로받기 위해 저렇게 몸부림을 치는 것인가.

경제가 어려워 길거리에 나앉게 된 외국인 노동자들의 보금자리를 마련하는데 쓰일 돈을 모금한다고 한다. 말이 모금 운동이지 구걸이나 다름없었다. 나는 또 가방과 호주머니를 탈탈 털어 뒤졌다. 행여 천 원짜리가 나오면 주고 없으면 말아야지 했는데, 어느새 그녀들은 내 손놀림을 보고는 바짝 붙어 떠날 생각이 없어 보였다.

"만원 주면 더 좋지요."라며 애교까지 더한다. 그래, 자신들 쓸 돈도 아니고 남을 돕는다는데. 나는 애써 위안을 해보았다.

오늘 아침은 참 이상하다. 눈에 띄는 모든 것이 경제가 부실한 탓으로 연결된다. 짧은 치마를 입은 아가씨들은 더 추워 보이고, 낡은 구두를 신고 버스에 오르는 중년의 신사에게도 자꾸 눈길이 간다. 어찌 보면 사소한 일일 수도 있지만 내 기분이 그래서인지 거리의 모습들이 다 떨고 있는 것처럼 보인다.

어린 시절 서리 하얗게 내린 날 아침이면 아침밥을 얻으러 다니던 거렁뱅이 가족이 있었다. 나는 그들이 어디서 잠을 자고 그 이른 시간에 나타나는지 그게 더 궁금했다. 그런 날 아침이면 유난히 참새들의 쨱쨱거리는 소리가 살아 있음을 알리는 처연한 소리로 들렸다. 오늘 아침이 그렇다. 그들의 모습이 겹치며 기분이 가라앉는다.

어렵긴 어렵나보다. 내가 느끼지 못하는 사이 경제 한파가 바로 내 눈앞에서 일렁거린다. 기온이, 체온이, 내 심장이 싸늘하게 느껴져 몸이 부르르 떨리는 한겨울 아침이다.

공터에 핀 꽃

외출했다 돌아오는 길에 일부러 몇 정류장이나 앞서 내려 그곳에 들렀다. 아치형 색동 터널이 엷은 햇살마저 가렸고 옆에는 수양버들 두어 그루 바람에 흔들리며 가을을 알리고 있었다. 사실 이런 삽상한 풍경을 감상하려고 했던 것은 아니다. 쓰레기장 같았던 공터의 변화가 궁금해서였다.

터미널 옆 빈터는 부산하게 오가는 사람들이 버린 깡통이며 과자봉지에 오물까지 더해 지나가는 사람들의 얼굴을 찌푸리게 했던 곳이다.

지난여름, 시어머니를 마중하러 그곳에 갔을 때였다. 수건으로 머리를 둘러 뜨거운 햇빛을 가린 초로의 아주머니가 마대자루 가득 쓰레기를 주워 담아 놓고 호미로 땅을 일구고 있었다. 버스가 도착하기를 기다리던 난 무심히 그 광경을 보았다. 바위 같은 돌덩이 둘레의 흙을 긁어내고 돌을 빼내려던 아주머니와 내 눈길이 마주쳤다. 도와달라는 무언의 신호로 여겼다. 내 옷을 잠시 내려다본 뒤 바로 달려들었다.

돌덩이의 뿌리는 꽤 깊어서 둘이서도 겨우 들어 올렸다. 조금이라도 젊은 내가 걸리적거리는 그 돌을 밖으로 들어다 놓아야 하는 것이 의무처럼 느껴졌다. 흙 묻은 손으로 낑낑대며 다시 그 돌을 들려고 했을 때 아주머니는 들어서 옮기는 것이 아니고 요령껏 굴리면 쉽다고 했다. 정말 힘들이지 않고 돌을 가장자리로 옮기는 것을 보면서 문득 내 마음에 깊이 박힌 시어머니에 대한 응어리도 요령껏 굴리면 수월해지지 않을까 하는 생각이 들었다.

내게도 흰머리가 생길 만큼 한 가족이 된 지도 오랜 시간이 지났지만 나는 아직도 시어머니가 어렵기만 하다. 그런 어머니가 위암 수술을 한 후 내 곁에 오시겠다는 것이다. 잠시겠지만 내가 잘 모실 수 있을지 걱정이 앞선다. 가슴에 돌덩이 박힌 것 같은 심정으로 마중을 나왔으니 주변을 둘러볼 여유도 없던 참이었다.

어떤 씨앗을 심을지 궁금해 하는 내게 올가을엔 꽃이 한밭 가득일 것이니 기대해도 좋다고 한다.

"아니! 이런 곳에 꽃을 심어요? 예쁜 꽃이 피면 지나가는 사람이 뽑아 가지 않을까요?"

"빼가는 사람이 나쁘지 우짜겠노. 그렇지만 안 빼 갈끼다. 사람을 믿어야지." 하면서 꽃씨를 주먹째 집어 철철 뿌린다.

도심 근처 공터는 채소를 심는 노인들 때문에 시에서 일하기가 어렵다는 말을 들어온 터라 으레 채소 씨앗을 뿌리는 것으로 생각했다. 그런데 오가는 사람들을 위해 꽃씨를 심는다니 의아했다. 흙이 묻고 투박한 아주

단디 해라이~

머니의 손이 다시 보였다.

 그 후 나는 작은 씨앗들의 안부가 무척 궁금했다. 화단에 분꽃 봉숭아 씨앗들을 심어놓고 싹트기만을 기다리던 유년으로 되돌아간 듯 흥분이 되었다.

 '꽃이 활짝 피었을까?'

 가까이 다가가니 채 한 뼘도 되지 않는 꽃 대궁에서 백일홍 무리들이 꽃망울을 터뜨리고 있었다. 마치 나를 기다리다 핀 것처럼 바람에 대궁을 내맡기고 환영해 주었다. 그들과 키를 맞추어 오래도록 향기에 젖어 보았다.

 기대를 저버리지 않은 꽃들이 고마웠다. 사람이 많이 다니는 길이라 오히려 온전했을까. 눈길조차 받지 못할 만큼 작아서였을까. 아직은 믿을 만한 인심 때문인지도 모르겠다. '사람을 믿어야지' 하던 그 말이 오래도록 귓전에서 떠나지 않는다.

 꽃을 들여다보고 있자니 탐스런 꽃을 뽑아가고 싶은 유혹이 일었다. 작은 화분에 심어 따뜻한 베란다에 놓고 싶었다. 하지만 차마 사람을 믿어보자던 그 말이 머릿속에 쟁쟁거려 손이 뻗어지지는 않았다. 아주머니의 순박하고 애틋하던 마음에 얼룩을 남게 할 수는 없었다. 그러고 보니 그 말은 예견이라도 하듯 내 마음에 던진 말이 아닌가 싶어 움찔했다. 잠시나마 내 헛된 생각을 누가 훔쳐보는 것 같아 얼굴이 붉어진다.

 내 안에도 버려진 공터가 있다. 온갖 잡동사니 생각들로 가득 차 있는 공터에 이제라도 꽃씨 한 줌을 뿌려야겠다.

김장철이 되면

김장철이다. 김장은 이웃과 정을 버무리는 기회이기 때문에 쉽게 넘길 수 없다. 배추를 절여 씻고 버무리는 여러 과정들이 혼자서는 버거워 품앗이로 한다. 웃고 떠들면서 거들다보면 감칠맛 나는 정이 버무려지는 것이다.

며칠 전부터 양념을 준비하고 날을 잡아 통보한다. 그 특별행사에는 갓 삶아 김이 술술 오르는 수육이 있어야 한다. 금방 치댄 김치에 수육을 둘둘 말아 서로 입 안에 넣어주며 하는 것이 중요하다. 햅쌀로 지은 윤기 자르르 흐르는 이밥도 뺄 수가 없다. 다른 날에야 잡곡을 섞어도 좋지만 이 날만은 김장의 맛을 제대로 느낄 만한 새하얀 쌀밥이 좋다.

나도 그 맛을 알고 싶어 몇 년 전부터 시어머니로부터 김장 독립을 해왔다. 시골에서 농사를 지어 가져온 배추 포대기를 연다. 시어머님이 초록의 배추 겉잎은 모두 떼어내고 신문지에 한 포기씩 말아 넣었다. 샛노

단디 해라이~

란 배춧잎이 눈이 부시다. 나의 일손을 덜어 주느라 좋은 것만 골라 시퍼런 겉잎을 다 정리해서 보냈는데 나는 무언가 빠진 듯한 허전함에 맥이 풀린다.

해마다 김장철이면 해 보고 싶던 일, 사람 냄새 물씬 나는 젊은 한때가 생각나서이다. 내가 신접살림을 차린 곳은 일곱 가구가 한지붕 아래서 아옹다옹 살아가는 산동네 판잣집이었다. 부부싸움에 나뒹구는 가재도구들, 아이들 울음소리, 염불 소리들이 뒤섞여 하루도 조용할 날이 없었다. 비가 오면 빗물이 배어들어 벽지가 누렇게 들뜨고, 흙 부엌은 한 사람이 겨우 서서 음식을 장만해야 하는 그런 집이었다. 허리 굽은 백발 할머니로부터 자칭 도사 간판을 매단 아저씨에, 자취하는 여고생까지 별별 군상들이 모여 살았다.

문밖만 나서면 할머니들 몇이 골목에 앉아 한담을 나누고, 별스런 소문들이 떠다니기에 말솜씨 없는 나는 되도록이면 밖에 나가지 않았다. 그러자 동네에서는 내가 도도하기 이를 데 없다고 수군대고 있었다. 비슷하게 살아가는 처지에 같이 웃고 떠들며 그 속에 스며들지 못한다는 비난이었다.

어느 겨울날 점심때였다. 신문을 읽고 있는데 이웃의 다섯 살 배기 성민이가 우리 집 방문을 벌컥 열며 "아주마, 엄마가……어 밥 어…….". 아마도 나를 식사에 초대한다는 것 같은데 말이 늦은 성민이가 두서없이 중얼거리고는 내 손을 무작정 잡아끌었다.

성민이네는 마당 가운데 경계를 가르는 짧은 담장을 두고 마주보며 살았다. 성민이 손에 이끌려 가보니 이미 백발의 안집 할머니, 환약을 가져다 파는 옆방 할머니, 이웃의 좀 산다는 집 며느리와 몇몇의 동네 노인들이 좁은 방에 모여 있었다.

"새댁 어서 와. 별거 아닌데 밥 한 끼 같이 먹자고······."

햇살 쏟아지는 한 뼘 남짓한 툇마루에 이미 밥상이 차려져 있었다. 아니 상은 그곳에 없었다. 상 대신 신문지 위에 밥솥, 숟가락들 그리고 푸르딩딩한 배추 진잎 데친 것 한 소쿠리, 그에 따른 갈치속젓갈 두어 보시기가 얹혀 있었다. 그게 다였다.

김장을 하노라고. 그래서 배추 속은 절여놓고 겉잎만 뜯어 데쳤는데 맛이 기가 막힌다는 것이다.

내가 도도하지 않다는 것을 알릴 기회다 싶었다. 잘난 것이 아니라 낯을 익히기까지 남들보다 시간이 좀 더 걸린다는 것을 보여야만 했다. 그래서 이웃 사람이 이야기를 하면 평소에 잘하지 않던 말까지 거들어 가며 같이 어울리려 애썼다.

모두들 열심히 먹었다. 툇마루에 엉덩짝을 반쯤 붙인 나도 낯가림을 면해 볼 요량으로 커다란 배춧잎을 손에 올려놓고 쌀밥과 젓갈을 얹어 입이 미어터져라 밀어 넣었다. 고소하고 달큰한 배추 향기가 잘 익은 젓갈과 어울려 입 안을 감돌았다.

임신으로 불룩한 배를 내밀고 배추 쌈밥을 끝없이 밀어 넣는 나에게 그것 들어갈 데가 또 있느냐며 웃어댄다. 곰삭은 젓갈 탓인지 여럿이 먹어서인지 순식간에 솥바닥 긁는 소리가 났다. 살면서 가장 맛있는 식사를 한 것 같았다. 그것으로 나는 어느새 같은 지붕 아래 한 구성원이 되어 있었다. 언제가 될지 모르지만 우리 집에서도 김장을 하면 부르겠다고 약속했다.

 남을 초대할 때면 제대로 격식을 갖추어야만 되는 줄 알았는데 이것 정도야 하는 마음이 드는 걸 보니 역시 잘난 체하는 마음을 숨기고 있었던 모양이다.

 나는 이십여 년이 지난 지금도 그 맛을 그리워한다. 아무런 가식 없던 이웃들이 그리운 것인지도 모른다. 성민이 엄마가 나를 위해 잔치를 벌인 것만 같았기 때문이다. 살기가 팍팍해서 남을 부를 만한 여유도 없어 보이는 산등성이 곁방살이 가난 속에도 삶의 향기는 깃들어 있었던 것이다.

 그때의 밥상이 성찬이었다면, 지금도 몸이 아프거나 입이 쓸 때 그 맛을 떠올리지는 않을 것이다. 거기에 초대받은 사람들이 성장 차림의 고관대작이었다면 때때로 미소를 지으며 그들을 떠올리는 일은 없을 것이다.

 되풀이되는 연례행사인 김장을 내가 직접 하게 되면서, 때로는 이웃을 부르고 멀리 있는 친구도 부른다. 고기도 삶고 하얗게 윤기 흐르는 쌀밥도 해 보지만 그때의 맛을 느끼지 못한다. 배부른 투정인가, 아직도 활짝 열지 못한 마음 때문인가.

 올해는 소금기가 적었던지 배추가 뻣뻣하게 살아 움직인다. 딱 내 모습이다. 아마 나의 사람 사귀기는 시간이 가도 쉽지 않을 모양이다. 적당한 양의 말재주와 됨됨이가 시간과 함께 어울려 숙성되어야만 할 것인데 채우지 못한 것이 아직 많은 것 같다. 나는 언제쯤 고르게 간이 되어 양념 골고루 밴 김치로 익을 수 있을까. 김장철이면 생각할 게 많아진다.

넘어져도 괜찮아

　아이스링크 위에 섰다. 아동센터 아이들을 데리고 체험학습을 하게 된 것이다. 밖은 숨이 턱턱 막힐 듯 더운데 안에 들어서니 온몸이 떨렸다. 문 하나를 사이에 두고 이렇게 다른 세상이 펼쳐지다니. 토해내는 입김이 허공에서 맴돈다. 은빛 빙판을 가를 칼날 신발의 끈을 단단히 매고 올라선다. 두렵지만 호기심이 더 강하게 인다. 조금만 방심했다가는 넘어지니 한눈팔 겨를이 없다.

　아이들은 겁이 없었다. 벽을 잡고 두어 번 발걸음을 떼더니 이내 더듬거리며 홀로서기를 했다. 난생처음 아이스링크에 선 나는 두 손뿐 아니라 온몸에 힘을 주어 벽을 짚고 겨우 몇 발짝 떼어 놓는다. 순간의 실수로 발목뼈에 금이 가 입원해 있는 언니가 눈앞을 스쳐가고 휠체어 바퀴로 몇 개월을 버틴 친구도 떠오른다. 뒤에서는 빨리 안 간다고 성화인데 나는 걸음마를 처음 배우는 아이처럼 마음만 앞질러간다. 중간에서는 되돌릴

단디 해라이~

수도 한복판을 가로지를 수도 없으니 얼음판에 발을 디딘 순간 끝까지 돌 수밖에 별 도리가 없었다.

언젠가 멋모르고 유원지에서 탔던 바이킹은 레테의 강을 건너는 배 같았고 터널 미끄럼틀은 죽음의 문을 통과하는 듯했다. 한 번 선택하면 중간에서 내릴 수 없다는 경험은 두 번 다시 하고 싶지 않았는데 또 얼음 위에 이렇게 서 있다. 손에 땀을 쥐고 한 발자국씩 옮기려니 한 바퀴를 도는 데 몇 시간이 지난 것 같다.

겨우 자리에 돌아와 앉아 안도의 한숨을 내쉬고 있으니 이제는 아이들이 가만두지 않는다.

"선생님, 선생님은 할 수 있어요. 꿈을 가지고 노력을 하세요. 용기를 가지세요."

아이들이 내뱉는 한마디 한마디는 내가 평소에 수없이 되풀이하는 말이었다. 녀석들이 어느새 내 흉내를 내며 나를 잡아끈다. 뒤바뀐 상황이 즐거운지 어른 말투를 써 가며 나를 달랜다.

"싫어 싫어, 난 무서워. 난 못해."

나도 두 팔을 휘젓는다.

여럿이 에워싸 내 손을 끌고 등을 미는 바람에 어쩔 수 없이 또 얼음 위에 섰다. 두어 바퀴 더 돌고 나니 아이들의 웃음소리가 들리고 간이역처럼 내릴 수 있는 샛문도 눈에 띄었다.

이곳에서는 낮은 자세를 취해야만 넘어지지 않는다. 앞으로 허리를 굽혀 최대한 몸을 낮추어야 한다. 거만하게 어깨를 뒤로 젖히고 거들먹거리려 들다가는 이내 나동그라진다. 잘났다고 빼기는 사람은 여기서 넘어질

지도 모른다.

　또 모두 같은 방향으로만 타야 한다. 반대 방향으로 탔다가는 크게 다칠 수도 있다. 같은 방향을 보며 서로 손잡고 간다는 것은 얼마나 든든한 일인가.

　그뿐인가. 미끄러져 엉덩방아를 찧더라도 오뚝이처럼 얼른 털고 일어나야 한다. 주저앉아 있다가는 많은 사람의 진로를 방해한다. 몇 번을 넘어져도 다시 일어설 수 있는 용기만이 신나게 스케이트를 탈 수 있는 날을 가져다준다.

　도무지 감이 잡히지 않아 진전이라고는 없을 것 같던 내 실력도 두 바퀴째는 처음보다 조금 나아졌고 세 바퀴째는 조금 더 빨라졌다. 몇 바퀴만 더 돌다보면 나도 혼자 설 수 있을 것 같다. 익숙해지면 나도 웃으면서 여유를 부릴 수 있을 것 같다.

　세상은 어쩌면 아이스링크보다 더 차가울지도 모른다. 링 밖에서 보면 매끄럽고 훤해 앞길에 걸림돌이라고는 없을 것 같지만 막상 그 위에 칼날 신발을 신고 서 보면 안다. 얼마나 가슴 떨리는 일인지를. 오늘 수없이 넘어졌지만 앞으로 넘어질 일이 더 많을 것이다. 넘어지고서도 깔깔거리고 있는 저 여유가 부럽다.

단디 해라이~

소라 껍데기가 들려주는 이야기

우리 집 베란다 자갈 위에서 소라 껍데기가 말갛게 빛을 반사하고 있다.

산호 구경을 할 수 있겠다는 호기심을 안고 태국의 산호섬에 도착한 날 하필이면 비가 쏟아졌다. 비 오는 날은 물이 흔들려 산호를 볼 수 없단다. 결 고운 모래 위를 거니는 것으로 만족해야 했다. 맨발에 착착 감겨드는 부드러운 모래 감촉이 좋아 비를 맞으며 해변을 거닐었다.

흔들리는 물결 따라 떠밀려 다녔는지 새하얗고 두툼한 조개 껍데기 조각이 모래에 반쯤 파묻혀 있다. 깔끄러운 모래에 씻기고 바닷물에 헹궈져 모서리 하나 없이 반질하게 닳은 그것을 집어든다. 수없는 세월을 깊고 푸르렀던 고향을 그리워하며 밀려갔다 되돌아오기를 반복하는 동안 거무튀튀하던 몸피가 도자기처럼 새하얗게 변했다. 얼마나 오랜 세월을 씻겨야 저렇게 변할 수 있단 말인가. 얼마나 아프게 인내해야 저처럼 될 수 있을까.

나는 그곳에서 금방 바닷물에 버려진 큼지막하고 거무스름한 소라 껍데기 하나를 주워 가방에 넣었다. 하얗고 반질하게 탈피를 시켜보고 싶었다.

그 모습이 내게서 한글을 배우는 결혼 이민자들 같다. 비가 내려 다져진 모래밭을 도화지 삼아 그들의 얼굴을 그려본다. 모래밭에 그리는 그림은 색깔을 칠하지 않아도 좋다. 그리다가 지워도 흔적 없어 좋고 말이 필요 없어 더 좋다.

아이가 말을 할 정도로 컸지만 자신은 정작 말 한마디 제대로 배우지 않아 벙어리 흉내를 내야만 하는 레티의 얼굴도 그리고, 유난히 짙은 화장과 짧은 치마로 본모습을 감추려는 로즈에게는 긴 치마를 입혀 본다.

나는 그들이 빨리 우리말을 배워 사회에 적응하기를 바라는 마음에서 끊임없는 주문을 했다. 교실 안에서는 한국말만 하고 주위 시선에 당당해지라고 했다.

사오 년 전의 일이었다. 센터에서 캄보디아 여인을 만났다. 스물한 살인 그녀는 자기보다 곱절이나 나이가 많은 남편에게 시집을 왔는데 한국에 온 그날부터 밤낮으로 울기만 해서 보는 사람의 애간장을 태웠다. 말이 통하지 않는 세상에서 그녀는 철저히 혼자였다. 안타까워만 하던 그녀의 시어머니가 나에게 부탁을 했지만 체계적인 교육을 해본 적 없는 나도 다문화 교육 과정에 소개를 해 주는 것으로 손을 떼었다.

그녀가 온다 간다 말도 없이 사라지고, 남편은 폐인이 되다시피 술을 끼고 산다는 사실을 들은 것은 얼마 전이다. 그녀에게 필요했던 것은 소통이 아니었을까 생각될 때마다 미안했고 비슷한 이들에게 한국어를 가

단디 해라이~

르치기 위해 자원을 했다.

아침에 수줍은 듯 교실에 들어서는 이들의 손을 잡아주고 마치고 나면 한 사람 한 사람 안아주어 따뜻한 체온을 나누기로 했다. 일주일에 두세 명씩은 새로운 얼굴들을 마주한다. 그날도 그랬다. 남편 손에 이끌려 나타난 굳은 표정의 까만 베트남 여자 레티. 나는 양손을 마주잡고 잘 왔노라고 인사를 해야 했다. 그녀는 한사코 손을 뒤로 감추었다. 돌아가는 길에 잠깐 스친 손은 소나무 껍질처럼 거칠어 내가 흠칫 뒤로 물러설 뻔했다. 너무나 힘든 시간을 보냈구나 생각하는 순간 그녀의 눈물이 방울져 내렸다. 공연히 미안했다.

다문화 교실에 들어서는 외국인들이 하루가 다르게 늘어난다. 이 땅이 자신의 꿈을 실현시켜줄 것이라 믿으며 빛줄기만 보고 뛰어드는 부나비 같다. 말이 통하지 않은 부부가 무슨 감정을 나누겠는가. 소통의 부재가 이 땅에 뿌리를 내리고 살아가는데 최대의 걸림돌이다. 사랑도 오해도 말에서 비롯된다.

동질의 연민을 느껴서인지 그들은 서로 잘 어울린다. 떠듬떠듬 한국말을 하던 때와는 달리 쉬는 시간이면 와글와글 떠들어 대는 그들 표정을 보면 자신감이 넘친다. 한국말을 배우기보다는 함께 어려움을 토로해 가며 수다를 떨 친구가 필요해서 이곳을 찾는 것이 더 맞을 것 같다.

산호섬에서 가져온 소라 껍데기는 바닷물에 몇 번 흔들어 씻어주면 되는 걸로 쉽게 생각했던 것이 탈이었다. 완벽한 나선형 구조의 멋진 외형이 도리어 말썽이었다. 젓가락을 넣어보기도 하고 철사로 후벼 파 보기도 했지만 깊이 남아 있는 내장이 쉽게 떨어져 나가지 않아 상하는 냄새가 코를 찔렀다. 독한 세제에 담구었다가 햇살에 말리기를 거듭하니 조금씩 변해갔다. 산호섬에서 탱글탱글하게 여물어가던 푸른 꿈을 접고 마침내 새로운 모습으로 탈바꿈하고 있다.

 새롭게 태어난다는 것은 자신을 버리는 일로부터 시작하는 것이리라. 겉모습뿐만 아니라 마음 깊이 더께로 앉은 욕심과 한의 응어리를 걷어내야만 한다고 말해 주는 것 같다. 소라 껍데기는 자존심을 다 버렸고 마지막 붙어 있던 작은 기억들까지 온전하게 걷어냈다. 빛이 날 때까지 지나온 시간들은 고통의 연속이었다. 이제는 내 귓가에 먼 바다의 이야기를 담담하게 들려주고 있다

 철썩이는 세상 파도에 몸을 내맡긴 한글반 새댁들도 귀에 자모음이 익숙해질 즈음이면 가족을 일궈낸 이곳에서 청아한 해조음으로 자신의 모국 이야기를 푸르게 들려 줄 것이다.

소방의 날에

 그날이 '소방의 날'이라는 것을 아침 뉴스만 듣고 알았더라도 그런 일은 없었을 것이다.
 친구들과 쇼핑을 하고 점심까지 먹고 버스에 올랐다. 운전석 옆의 전자시계가 3:17에서 초를 다투며 깜빡이고 있었다.
 무심코 들리는 라디오에서, 사회자의 질문에 따라 소방 관계자의 답변이 이어졌다. 예전의 화재 형태와 요즘의 화재가 달라지고 있는 점을 이야기해 달라고 하자 예전에는 나무로 아궁이 불을 지펴서 보온과 식사를 해결했기에 나무로 인한 화재가 빈번했다는 말에 따라 나도 옛날의 부엌으로 되돌아가 그 모습을 떠올리고 있었다.
 '그랬었지, 아궁이에 청솔가지 쑤셔 넣고 매캐한 연기에 질식할 것 같았던 그런 때가 있었지. 땔감을 구하기 위해 온 산을 헤매다 산주인에게 들켜 도망 다닌 적도 있고, 이웃집에 불이 나서 우리 집으로 번질까 밤중

에 자다가 깨 울부짖으며 바가지로 물을 퍼 나르던 그런 때도 있었지.'

나의 회상이 끝나지도 않았는데 화제가 바뀌고 있었다. 반면 요즘 화재는 가스와 전기로 인해 대형화재 위험이 많아졌다는 말이 이어졌다. 내 머리도 자연스럽게 아궁이에서 어느새 아파트 가스렌지로 옮겨가고 있었다.

내 부엌을 연상하던 나는 가슴이 쿵 내려앉았다. 집을 나설 때 가스불을 끄지 않은 것이 생각난 것이다. 요즘 들어 어지럼증이 심하다는 내 하소연에 남편은 새벽시장에서 땅붕어를 사왔고 그것을 고기 위해 불에 올려 두었는데 내린 기억이 없다. 아무리 더듬어 봐도 불을 끈 기억이 없고 빨리 하기 위해 가스불을 높인 것만 생각난다. 얼굴은 달아오르고 가슴은 숨을 쉬기 어려울 만큼 심하게 뛰었다. 계산을 해 보니 집에서 나와 다닌 시간이 다섯 시간이 넘는다. 위력 좋은 불 앞에서 한 시간이면 다 졸아들 것이고 지금쯤 모든 것이 다 타버렸을 것이다. 몸이 떨리고 점심으로 먹은 것들이 목울대를 타고 다시 넘어올 판이었다.

버스가 너무 느렸다. 신호에도 자꾸 걸리고 내 마음과는 달리 정류장에서도 자꾸 정체를 한다. 두어 정류장만 가면 될 거리지만 내려 택시를 탔다. 체념과 함께 누군가에게 애원을 하고 있었다. 이 순간만큼은 절절하고도 간절한 고해를 하고 있었다. 내가 사는 아파트와의 거리는 얼마 남지 않았는데 집 주위가 온통 뿌연 연기로 뒤덮여 있었다. 오금이 저려왔다. 아파트 입구에 이르자 소방차가 사이렌 소리도 요란하게 울리며 아파트를 빠져나오고 있었다. 소방차의 사이렌 소리에 놀란 주민들이 입구에서 웅성대고 있었다. 나는 그들을 뚫고 휘청거리는 발걸음을 옮겼다. 뛰고 싶었지만 발걸음은 더 느려졌다. 내 얼굴이 샛노랗게 굳어 있어서인지 경비 아저씨가 괜찮으냐고 물어왔지만 대답할 기력도 없었다. 아저씨에게 물어볼 생각은 왜 하지 않았는지 모르겠다. 엘리베이터가 느리다는 것을 느끼며 내 집 앞에 서니 조용하다. 문을 거칠게 열고 보니 가스불은 얌전하게 꺼져 있다. 안도의 한숨과 함께 거실 소파에 몸을 던진 나는 그대로 무너져 내렸다. 꼼짝을 할 수 없었다. 얼마나 있었을까. 어두워져서야 티브이를 켜니 11월 9일. 오늘이 소방의 날이라며 불 끄는 시범을 보이고 있다.

하필 그때 그 시간에 불에 관한 이야기를 들었고 까마득하게 잊고 있던 내 부엌이 생각났을까. 때맞추어 소방서 불자동차들은 왜 우리 아파트에서 나왔으며 우리 동네를 둘러쌌던 연기는 무어란 말인가. 아귀가 척척 들어맞아 내 무릎을 꺾게 했던 모든 일들이 귀신에 홀린 것만 같았다.

후에 안 일이지만 그날 인근에서 화재진압 연습이 있었고, 가까운 아파트에서 실제로 불도 났다고 한다. 소방차는 불난 곳이 우리 아파트로 잘못 알고 왔다가 돌려 나가는 길이었다고 한다.

기억이 감퇴한다는 것은 가끔씩 긴장하고 살라는 뜻일까. 내 삶이 편안하고 걱정이 없으면 자신을 들여다볼 시간을 갖지 못한다. 나이가 들면 삶에 대해 관대해지고 느긋해져야 할 텐데 여전히 동동거리는 나를 깨닫게 하기 위해서였을까. 완벽하게 갖추어진 삶보다는 모자라는 귀퉁이 채워가면서 살라는 뜻일까. 기억력 감퇴마저 고명으로 얹힌 느긋한 일상을 꿈꾸어 본다.

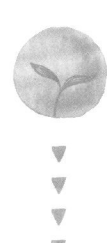

쑥 향기를 맡으며

　바람이 매섭다. 쑥을 캐기에는 좀 이른 때이지만 나는 벌써 쑥을 한 바구니나 캘 것처럼 마음이 분주하다. 올해의 농사를 위해 경운기에 가득 밑거름을 실어 나르는 남편의 뒤를 따라 바구니와 칼을 들고 나섰다. 다른 식물들은 싹을 틔울 생각도 하지 않는데 밭언덕 양지쪽에는 쑥이 덤불 속에서 제법 하얗게 모습을 드러내고 있었다.
　지독한 겨울 가뭄 끝에도 쑥은 아랑곳없이 대지를 뚫고 남 먼저 돋아나 봄이 오고 있음을 알리고 있다. 하얗게 말라붙은 밭 언저리, 영원히 희망이 돋지 않을 것 같은 회색 빛 대지에 푸른 생명의 기운을 불러일으키고 있다.
　덤불 속에 꼭꼭 숨은 쑥을 캐내서 향기를 맡아본다. 철 이른 봄 냄새가 알싸하게 코끝에 스민다. 땅 냄새다. 내가 쑥을 좋아하는 것은 흙에서 나서 흙의 본성 따라 모든 걸 품어 안는 이유 때문이다. 어린 시절 그만큼 쑥을 먹고 자랐으면 질린 만도 하건만 쑥떡이나 쑥국 등 좋아하지 않는 게 없다. 하지만 바닷가에서 어린 시절을 보낸 B씨는 쑥에서 흙냄새가 난다고 내가 정성껏 끓여 보낸 쑥국을 한 숟갈도 뜨지 않았다고 했다.

쑥은 잘나지도 못한 게 먼저 돋아나 쑥쑥 커가는 것이 쑥스럽다는데서 붙여진 이름이 아닐까. 이름만큼이나 수수하고 다양하다. 쑥은 앙증스런 꽃을 피워서 감상적인 사람들의 이목을 끌어본 적도 없고, 굵고 화려한 꽃으로 세인들의 눈길을 붙잡아 본 기억도 없다. 눈길을 끌지 못하는 촌부村婦 같이 가슴에 멍울이 맺힌 듯 자잘한 꽃이 붙어 있을 따름이다. 만물이 타들어가는 한여름 뙤약볕 아래 쑥꽃은 꽃이 아닌 듯 묵묵히 서 있다.

얻기 어려운 귀한 물건은 더더욱 아니다. 밭둑, 논둑, 야산, 토담 밑 어느 곳이나 상관 않고 햇살이 조금만 비추는 곳에서는 지천으로 만날 수 있다. 애써서 거름 주고 약을 치지 않아도 좋다. 하늘이 내려 주는 대로 비를 마시고 햇볕을 쫸다. 배고픈 이들에게 양식이 되어주는 것도 쑥이다. 민초처럼 어느 곳에서나 잘 자라니 캐고 나면 또 돋고, 뿌리째 뽑아내도 다음 해에는 한 가닥의 뿌리를 지탱해서 또 일어선다. 끈기로 서민들이 힘들어하는 보릿고개를 넘기게 도와주기도 했다.

아린 내 유년의 한 해는 쑥과 함께 시작되었다. 봄이 온다 싶으면 틈나는 대로 쑥을 뜯으러 다녔다. 학교만 다녀오면 친구들이랑 쑥 바구니를 들고 나섰다. 쑥을 많이 캐 엄마의 칭찬을 듣고 싶어서 쑥에다 물을 뿌려 부풀리기도 했다. 또 먼 곳까지 갈 때는 가는 중간 중간에 캔 쑥을 땅속에 묻어 표시를 해 두었다가는 잃어버리기도 했다. 쑥을 많이 뜯는 쪽은 언제나 언니보다 나였으나 잡티를 가려내고 나면 정작 먹을 것은 얼마 되지 않아 손끝이 야물지 못하다고 꾸중을 듣기 일쑤였다.

그렇게 뜯어온 쑥은 우리 가족의 목숨을 연명해 주는 양식이 되었다. 쑥을 씻어 안치고 그 위에 보리쌀을 얹어 지은 쑥밥은 시커멓고 찰져 더 싫었다. 그것마저 없는 날에는 기나긴 하루해를 넘기기가 어려웠으니 어쩔 수 없이 먹어 두어야 했지만 싫은 것은 어쩔 수 없었다.

쑥은 떡이나 국 등의 음식 외에도 쓰임이 많았다.

이유 없이 배가 아프기라도 하면 어머니는 쑥을 뿌리째 뽑아다가 한 줄기씩 깨끗이 씻어 몽돌로 찧어 즙을 내어 주었다. 코피가 나도 쑥 한줌 비벼서 코를 막았고, 무릎이 깨져 피가 흘러도 쑥을 찧어 오징어 뼛가루랑 같이 개어서 붙여 주었다. 감기에도 식중독에도 혈변을 볼 때도, 피곤에 절었을 때 피로 회복제로도 무조건 갖다 바치는 게 쑥이었다. 그리고 나면 아픔은 가시고 슬그머니 입맛이 돌아 생기를 되찾게 되곤 했다. 쑥은 우리같이 힘없고 돈 없는 사람들도 살아갈 수 있도록 하늘이 내린 양식이며 약이라고 믿었다.

지금도 내 어머니는 쑥을 캐다 말려서 미숫가루로 만들어 놓고 위가 좋지 않은 아버지의 보양식으로 쓰고 있다. 애들에게도 먹여 보라며 가져다 주지만 달콤한 과자 맛에 길들여진 아이들이 씁쓰레한 쑥 차를 마실 리 없으니 안타깝다. 절실한 먹거리가 필요치 않는 요즘은 냉장고 탈취제나 뜸뜨는 데에도 많이 쓰이고 찜질방에서 여인들의 피부를 가꾸어주는데 한몫을 해 사랑받고 있다 한다.

쑥 향기를 맡으며 올 한해는 내게도 뭔가 뜻 있는 일이 주어질 것 같은 예감에 가슴이 설렌다.

단디 해라이~

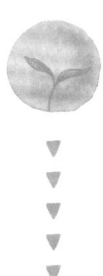

옷만 날개인가

까까머리에 와이셔츠, 넥타이를 갖추어 교복을 차려입은 막내 녀석이 멋쩍은 듯 빙긋 웃는다. 교복을 입히고 나니 키도 훌쩍 커 보이고 행동도 조금은 어른스러워진 것 같다. 사람이 옷을 만들었지만 옷도 사람을 만든다는 말이 들어맞는 것 같다. 제복을 입으면 왠지 그 옷에 맞는 행동을 해야 할 것처럼 여겨지나 보다. 어깨를 으쓱하며 벌써 청소년티를 낸다.

아들의 교복은 이웃 형의 옷을 물려 입혔다. 정갈히 입어 새것이나 다름없었지만 처음으로 입어 보는 교복에 대한 기대도 있을 것인데 헌 옷을 입히는 것이 마냥 미안하다. 그래서 아들을 앞에 앉혀 놓고 지금도 잊지 못하는 내 초등학교 때의 이야기를 하게 되었다.

내가 열 두서넛쯤의 일이다. 그해 여름도 떡고물 같은 벼꽃이 필 즈음 하늘이 열린 듯 쉼 없이 비가 내렸다. 불어난 물에 남강 둑이 터지고 더이상 물러설 곳 없는 물은 동네 앞들을 황톳물로 가득 채웠다. 이미 논들의 경계선은 없어지고 낮은 곳에 있는 이웃집 앞마당까지 물에 잠기게 되었다.

몇 년을 내리 쌀 한 톨 건져내지 못한 논을 내려다보며 기어이 어머니는 통곡을 했다. 장맛비가 내려 일을 하지 못한 몇 날 며칠 동안 애꿎은 붓만 잡고 방 안에서 글만 써 대던 아버지도 슬그머니 어디론가 나가 버렸다. 방에 남은 우리는 어머니 눈치를 보느라 숨소리도 죽여 가며 공부를 하는 척하고 있었다. 왜 그리도 그때는 하늘에만 모든 것을 다 걸었을까. 비가 조금만 와도 위태로웠던 논을 어떻게 해 볼 엄두조차 내지 못했으니 말이다.

일찍 저녁 어스름이 깔리고 폭우 속에 비료부대 우의를 둘러쓰고 옆에는 작은 보퉁이를 끌어안은 아버지가 오셨다. 허기진 우리들의 눈길은 아버지 손으로 다 쏠렸고 끌러놓은 보자기 속에는 뜻밖에 우리들이 입을 만한 옷가지들이 들어 있었다.

수해 구호품이 우리 마을에까지 들어왔던 것이다. 아버지는 홍수가 당신 탓이기라도 하듯 저녁도 거른 채 말없이 방에 들어가 다시 서책에 파묻히고 철없던 우리는 옷 고르기 시합이라도 벌이듯 이것저것 입어보고 야단법석을 떨었다.

내가 고른 옷은 회색 바탕에 가느다란 검은색 실선이 세로로 그어진 원피스였다. 등에는 동그랗고 앙증스런 싸개 단추가 두 개씩 짝을 맞추어 목 언저리부터 엉덩이까지 조르라니 달렸고 하얗고 동그란 칼라가 우아함을 더해 주었다. 도시의 어느 예쁜 아이가 입었던 듯하다. 내게는 품이 넉넉했지만 마음에 쏙 드는 옷이었다.

나는 그 옷을 아껴 입었다. 학교에 갈 때나 고전읽기 대회를 위해 진주에 가게 되었을 때나 교복처럼 입었다. 몇 번 입지도 않고 수재민을 위해 선뜻 옷을 내놓았을 사람을 상상 속에 그려보며 이다음에 나도 그럴 것이라는 마음을 품기도 했다. 그 원피스가 햇빛에 바래고 검은 실선이 회색으로 변할 만큼 낡았을 때는 뒤집어서 확 뜯어 고쳐 입었다. 내가 디자인한 최초의 옷이었고 정도 들었다.

오랜 세월이 흐른 어느 늦봄 나는 시내버스 안에서 색깔도 모양도 몇 개의 싸개단추도 비슷한 원피스를 보았다. 내 속에 똬리를 틀고 있던 그 무엇이 불쑥 고개를 치켜들었고 숙제를 못한 학생처럼 퍼뜩 정신이 들었다.

잊고 있었다. 어릴 적 수재민을 돕겠다고 스스로에게 약속했던 일을 잊고 있었다. 아니 잊은 척하고 있었던 것이다. 다만 아직은 내가 남을 돕는 일이 위선처럼 느껴져 실행하지 못하고 있을 뿐이라는 변명거리를 마음에 마련해 두고 있었다.

여름만 되면 연례행사처럼 수재민 돕기 운동을 벌이는 데도 나는 내 주머니가 덜 찼다고 외면했다. 이열 종대로 붙어 눈길을 끌었던 싸개단추처럼 내면은 감추고 겉으로만 선량한 척했던 것이다.

나는 아들에게 내 솔직한 마음을 털어놓았다. 처음으로 입는 교복을 남의 것으로 입어야 한다는 것을 알고 시무룩해 있던 아이 앞에 적잖은 교복 값을 내밀었다.

"이 돈이면 컴퓨터를 교체할 수도 있고 또 수재민을 도울 수도 있고…… 네 마음대로 써도 좋다."

나의 긴 사설을 다 듣고 난 아들의 얼굴에 슬며시 웃음기가 퍼진다. 엄마 아들이라 알뜰할 수밖에 없다는 아들의 답을 들으며 난 욕심 한 가지를 더 보탠다. 올여름 수재민 돕기 모금함에는 아들의 작은 정성도 들어 있기를.

단디 해라이~

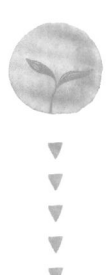

마음 트기

기차를 타고 중학교 동창들을 만나러 간다. 기차여행은 해방과 여유, 그리고 아련한 기억을 끌어내준다. 아무 때나 마음만 먹으면 훌쩍 떠날 수 있는데도 쉽게 행하지 못하는 것은 허둥거리며 사는 탓이리라.

기차를 타면 추억처럼 휙휙 스쳐가는 산하를 구경하는 것이 좋다. 소설책을 한 권쯤 읽어도 좋을 것이고 눈을 감고 우아한 중년으로 변해 있을 친구들 모습을 상상하는 것도 빼놓을 수 없겠다. 갖가지 생각으로 오히려 분주한 마음을 안고 기차에 올랐다.

왜 나 혼자만 기차를 탈 것이라고 생각했을까. 옆 좌석에는 이미 우아한 중년의 아주머니가 앉아 있었다. 내가 앉으니 땅콩 한 움큼을 내민다. 엉겁결에 받고 보니 또 한 줌을 내민다. 내 양손이 불룩한 걸 보더니 그예 봉지째 내어준다. 나는 땅콩을 좋아하는 것은 아니지만 어쩐지 받아주어야만 될 것 같았다. 그런데 열심히 먹다보니 그녀는 땅콩을 먹지 않았다.

같이 먹자며 되돌려 내미니 자기는 속이 좋지 않아 먹지 않는다고 한다.
　먹지도 않을 땅콩을 사 든 것은 누구라도 옆자리에 앉을 사람을 위해서 휴게실에서 기다리다가 준비했다는 것이다. 남을 위해 먹을 것을 준비하는 사람이 있다니. 나 혼자만의 여유로운 향연을 준비했던 게 부끄러웠다. 말주변은 없지만 말동무나 되어야겠다고 생각하고 마주보니 그녀의 안색이 창백하다.
　"사실은 내가 장애자예요" 한다.
　신부전증 수술을 받고 2급 장애 판정이 나서 정부 혜택을 조금이라도 받으려 병원에 진단서를 발급받으러 가는 길이라고 한다. 복부에다 구멍을 내고 하루에 몇 번씩 약을 투여한단다.
　"새벽 세 시부터 일어나 일했는데…… 이제 아들딸 다 키웠고 내년이면 적금에다 넣어둔 보험도 타고…… 내가 하고 싶은 일하며 살 줄 알았는데."
　중얼거리듯 하는 그녀의 눈이 회한에 촉촉이 젖어들었다. 주머니 두둑하면 노인들 따뜻한 밥 한 그릇씩 대접하려 했는데 모든 것이 메마른 땅의 화초처럼 시들해져 버렸단다. 건강을 잃고 장애자라는 이름표를 달고 보니 오히려 자신이 남의 신세를 지고 살게 되었다며 자조를 한다. 남편의 구타로 인한 이혼, 재혼, 다시 사별 등 여태껏 살아온 드라마 같은 인생사를 처음 보는 나에게 다 털어놓고 속 시원해 했다.
　긴 이야기를 끝낸 그녀가 잠시 쉬는 틈에 나는 내 삶을 돌아보았다. 나도 겉보기는 멀쩡하지만 고쳐지지 않는 고질병이 있다. 목에 걸려 넘어가지 않는 유년의 기억 하나가 장애로 걸려 있다.

단디 해라이~

지금도 그렇듯이 학교 주변에는 항상 아이들의 군침을 돌게 하는 과자나 풀빵 장수들이 있었다. 그것들을 사먹을 엄두도 낼 수 없었던 나는 그 길을 지나쳐 집으로 와야 되는 것이 고역이었다.

하루는 돈이 있을 리 없지만 나는 온 집안을 뒤졌다. 우리 집 두 칸짜리 농짝 위에는 낡아서 귀퉁이가 나달나달한 큼직한 가죽가방이 늘 그 자리를 지키고 있었다. 아버지가 보시는 고서나 우리 형제들이 받아다 나르는 상장과 성적표들로 가득했다. 보물창고나 다름없는 그곳이라면 나뒹구는 동전 몇 개쯤 있을 것 같았다.

가방 밑바닥에서 나는 책에서나 본 듯한 가운데 네모 구멍이 뻥 뚫린 엽전을 몇 개 찾아냈다. 쓰이는 돈이 아닌 것이 확실했지만 그것은 이미 풀빵이 되어 눈앞에 아른거렸다.

다음 날은 다른 친구들보다 좀 뒤처져 풀빵 집을 찾았다. 십 원짜리 하나만 내면 크고 볼록한 풀빵을 여남은 개씩이나 주었는데 할머니는 여느 때처럼 굽어서 펴지지 않는 허리를 쥐며느리처럼 둥글게 웅크리고 풀빵 굽는 일에 열중하고 있었다.

나는 풀빵 십 원어치를 주문하고 두근거리는 가슴으로 서 있다가 풀빵을 받아든 순간 동전통에 가짜 돈을 쨍그렁 소리가 나게 던져 넣고는 냅다 뛰었다. 몇 번을 그렇게 했지만 용케도 들키지 않고 그 달콤한 맛을 즐길 수 있었다.

할머니가 그렇게 허리가 굽지만 않았어도, 시력이 조금만 좋았어도, 아니 조금만 힘이 있어 보였어도 나는 그 일을 잊고 말았을지도 모른다. 몇 번의 강산이 바뀌고 그 동전의 무게만큼 내 형편도 가볍게 풀렸지만 내

목에는 그 풀빵이 걸린 듯 괴롭다. 습관처럼 나도 모르게 잔기침을 하는데, 그때마다 풀빵 할머니가 눈에 밟힌다. 병원에서는 신경성일 뿐이지 아무 이상이 없다는데 난 죽을 것 같은 괴로움을 지금도 느낀다.

숨겨온 내 비밀 이야기를 스스럼없이 그녀에게 들려주고 있는 나를 발견했다. 정말 그 일이 나를 짓누르고 있었을까. 털어내고 나니 내 목도 시원해진 것 같고 그녀와 더 가까워진 것 같기도 하다.

여자 혼자 열심히 사는 사람이 있으면 자신이 하고 있는 우유대리점을 무상으로 넘겨주고 싶다는 그녀에게 난 이렇게 말해 주었다.

"그만하면 잘 사셨네요."

산하 구경은 고사하고 글 한 줄도 읽지 못했지만 땅콩 한 줌이 사람을 경계하는 내 마음을 열었고, 그것으로 인해 서로가 자신의 허물을 얘기할 만큼 친해진 우리는 돌아오는 길에도 같은 기차를 타고 오자는 약속을 하고 있었다.

단디 해라이~

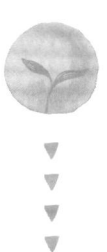

짝사랑

자정이 넘어가고 있다. 점으로 이어진 전자시계의 빨간 점멸 불빛에도 눈이 시리다. 저 불빛 또한 내가 뒤척이는 동안 얼마나 많이 깜빡거렸을까. 쓸데없는 계산으로 정신적 소모는 하지 않아야 하지만 나는 잠 못 이룬 시간을 손가락으로 꼽아 보다 부질없는 짓에 지쳐 돌아눕는다.

한동안 잠잠하던 반갑지 않는 불면증이 다시 찾아와 내 생활을 엉망으로 헤집고 있다. 잠드는데 좋다는 와인을 취하도록 마셔보고 지치도록 몸을 움직이는 밭일도 해 보았지만 그럴수록 잠은 더 멀어져갔다.

머릿속의 잡념을 걷어내려 심호흡을 크게 하고 눈을 감는다. 낮에 만난 아이들이 어느새 내 마음을 차지해 재잘거리고 있다. 비뚜름하게 의자를 뒤로 젖혀 앉아 아무리 어르고 달래도 말 한마디 하지 않는 J 때문에 화를 내는 내 모습이 싫다. 그만두고 싶다는 생각을 하다가도 조금씩 얼굴에 웃음이 많아지는 또 다른 아이를 생각하면 J도 언젠가는 변하리라 믿어본다.

자정이 지난 지도 꽤 됐는데 남편은 언제 오려나. 귀는 어느새 집 밖을 향해 열려 있다. 자동차의 마찰음이 지나가고 창문 흔들어대는 바람 소리가 뒤따른다. 창문에 부딪히는 바람은 남동풍인가 북서풍인가? 바람의 행보까지 알아낼 듯 귀를 기울인다.

엘리베이터 끌어내리는 소리가 들린다. 한참을 내려가는가 싶더니 또 한참을 올라온다. 삑삑 번호키 누르는 소리, 문 여닫는 소리, 남편이다. 내 선명한 의식은 일어나라고 재촉하지만 그대로 잠든 척 누워 있다. 행여 일어나 남편을 맞이하는 사이 내 곁에 막 누우려는 잠이란 녀석은 천리나 달아날 것이 분명하기 때문이다. 거나하게 술이 오른 남편은 내 뺨에 자기 뺨을 맞대고 서너 번 부비더니 이불 위로 쓰러진다. 머리가 베개에 닿는 순간 잠에 빠져 코까지 곤다. 아마 초면이란 시간은 이럴 때 쓰는 것이리라. 차가운 바깥바람을 몰아다 내 얼굴에 부려놓는 바람에 내가 그토록 청하는 잠을 쫓아버린 남편을 향한 분노가 머리끝까지 치민다. 일으켜 세워 한바탕 싸움이라도 하고 싶지만 그러면 내 사랑하는 잠은 뒤돌아보지도 않고 도망갈 것이기에 나만 손해다.

나도 저렇게 단잠에 빠져 본 적이 있었던가. 아이를 낳고 쏟아지는 잠 때문에 젖을 제대로 물리지 못할 때도 있었다. 그때가 눈물 나게 그리워진다.

오늘이라고 이름 지어진 시간도 벌써 두 시간이 지났다. 반듯하게 누워 이불을 머리끝까지 끌어 올려 덮는다. 갑갑하다. 다시 이불깃을 목까지 되돌린다. 갑자기 목이 근질거리다 온몸이 가려워진다. 목을 긁고 손이 닿지 않는 등으로 팔을 뻗는다. 이번에는 바닥에 닿는 꼬리뼈가 배긴다. 베개 하나를 꺼내 무릎 아래 받쳐 본다. 조금 편안한 듯하다. 다시 잠을 청해 보지만 생각이 생각을 물고 흔든다. 정말 지독한 스토커다. 의식은 더 뚜렷해진다. 양 한 마리 양 두 마리…… 끝없을 것 같은 양 세기를 그만두고 숫자를 거꾸로 읊었다. 나는 분명 수학자가 되었으면 성공했을 것이다. 거꾸로 세는 숫자도 하나도 막히지 않고 금방 다 세는 것을 보면.

모로 돌아눕는다. 짓눌린 팔과 어깨가 저리다. 다리 밑에 깔린 베개를 빼내 팔에 안아 보다가 팔 옆에 내팽개친다. 무릎을 구부려 예각을 만들었다가 둔각을 만들었다가…….

할 수 없이 일어나 냉장고 우유를 꺼내 한 컵 데워 마신다. 따뜻한 우유가 수면 유도에 탁월하다 했던가? 우유를 마셨으니 화장실을 다녀와야 한다. 어쩌다 잠이 들었다가 소변 때문에 일어나는 불상사는 없어야 하니까. 양파 냄새도 잠을 유혹한다고 했지. 양파까지 가져다 놓으니 머리가 어지럽다.

일어나 앉아 책을 읽어볼까 하다가 그만둔다. 눈이라도 감고 있어야 내일을 견뎌낼 수 있다. 눈을 감고 있으면 절반은 잠을 잔 것과 같다고 하니 고통스러워도 참는다. 밤이면 잠을 자는 평범한 일상이 얼마나 소중한가를 겪어보지 않은 사람은 모를 것이다.

어느새 새벽이 되었는지 청소차 짐 싣는 소리가 들린다. 차르륵 차르륵 승강기도 바빠졌다. 신문이 내 집 문에 부딪히는 소리가 잠 대신 내 머릿속을 파고든다. 대체 저들은 언제 자고 벌써 일을 하러 나섰단 말인가.

나도 이제 자리에서 일어나 남편의 아침 밥상을 준비해야 한다. 잠에 깊이 빠져 있는 얄미운 남편이지만 가정의 평화를 위해서 이 정도쯤이야 꾹 참아 줄 수 있다.

  오늘도 잠자긴 글렀나 보다. 잠은 잠시도 틈을 보이지 않고 나만 애달파 한다. 내일은 기어이 잠을 붙들리라. 초저녁부터 약을 먹어볼까. 내 몸을 혹사시켜 측은지심을 불러일으킬까. 잠을 짝사랑하는 나는 눈이 짓무를 지경이다.

뒤돌아본 대마도

　황토색 등대가 마중 나와 있는 대마도 땅에 내렸을 때는 모두 핏기 없는 얼굴로 울렁이는 속을 다스리느라 애를 먹어야 했다. 300여 년 전 해난사고로 수장된 조선 역관사 넋들의 울부짖음인가. 환영의 몸짓인가. 잠잠하던 겨울 바다가 요동을 쳤다.
　섬 전체가 야산으로 이루어진 것 같은 대마도는 역사적으로나 지형적으로 보나 우리 눈에 익은 내 나라였다. 그런데 외국인으로 이 땅을 밟는다는 것이 마음에 들지 않는다. 하지만 어쩌랴. 우리 선조의 어리석음으로 지금 이곳은 엄연히 일본 땅으로 등재되어 있는 것을.
　한국산 재료로 한국인이 직접 지었다는 전망대에 올랐다. 흩뿌리는 안개비 때문인가 서글픈 역사 때문인가 눈앞이 흐려 개인 날에는 육안으로 뚜렷이 보인다는 부산이 사라지고 망망대해만이 버티고 있었다. 섬을 둘러싼 쭉쭉 뻗은 삼나무 숲은 한국의 역사를 송두리째 바꿔놓고도 당당한 일본인들 마냥 하늘을 찌를 듯했다.

한국 역사와 관련된 자료들 앞에서 안타까움은 더 컸다. 최익현 선생의 순국지비가 모셔진 수선사는 백제의 비구니 승이 지었다고 한다. 1905년 을사보호조약의 체결에 반대해 의병운동을 일으켜 왜군과 싸우다가 일본 헌병에게 체포되어 대마도로 유배된 의병들. 그중에서도 최익현 선생은 일본에서 주는 음식을 거절하고 단식하다 운명했다고 한다. 조선의 외교기관이며 조선통신사들의 숙소였던 서산사도 한국의 방문객들을 한 점 티 없이 맞아주었다. 고려문, 조선통신사행렬도, 고려청자, 대장경 등 조선 역사와 관련된 자료들이 가득한 역사민속자료관. 심지어 한국에 자생하며 일본에는 없는 삵(들고양이)이 대마도에 있다는 것에서도 큰 의미가 부여되었다.

조선 왕조의 결혼 봉축비가 세워져 있는 뜰에 들어섰다. 비에 젖은 동백 꽃잎이 카펫인 듯, 피눈물인 듯 바닥에 깔려 있었다. 누구 할 것 없이 '동백 아가씨' 노래를 흥얼거리며 덕혜옹주의 삶을 반추해 보고 있었다.

  헤일 수 없이 수많은 밤을/ 내 가슴 도려내는 아픔에 겨워/ 얼마나 울었던가 동백아가씨/ 그리움에 지쳐서 울다 지쳐서/ 꽃잎은 빨갛게 멍이 들었소.

고종의 마지막 왕녀 덕혜옹주의 마음을 그대로 싣고 있는 것 같아 아렸다. 덕혜옹주는 유학이라는 명목으로 강제로 일본에 끌려갔다. 그 뒤 일본 황실에서 천황에게 절을 하라는 명을 받고 거절하자 병이 들었다며 치료 핑계로 대마도로 보내 소우 타케시 영주와 정략적으로 결혼을 시켰다 한다. 하지만 고국에 대한 그리움이 사무쳐 정말로 미쳐버리자 딸 하나를 두고 이혼을 당했단다.

역사에 해박한 지식을 갖고 있는 안내자의 말로는 정신이 온전치 못했던 그녀를 조선 궁에 데려다 놓으니 반듯하게 예의를 차리고 멀쩡해졌다 한다.

나라 잃은 서러움을 몸소 겪은 이가 어찌 옹주뿐일까 마는 불운하게 살다간 그녀의 일생이, 차가운 시멘트 바닥에서 비에 젖어 짓밟히는 동백꽃잎 같아 차마 그 꽃길 위로 발걸음이 옮겨지지 않았다.

조선 전도에는 분명 조선 땅이라고 명기되어 있던 대마도가 어느 결에 슬그머니 일본 땅이 되어 있으니 그에 재미를 붙였는가. 지금 일본은 독도마저 자기네 땅이라고 우기고 있다.

작으면서도 다부진 축소 지향형 일본인. 개개인은 자갈이지만 뭉치면 찰흙 같다는 일본인의 근성이 그 작은 땅덩이에서도 묻어났다.

거리는 고요하다 못해 적막했고 삶과 죽음이 공존해 집 앞뜰에도 화장한 납골당이 안치되어 있었다. 가정집 대문 앞에서는 짚으로 만든 사람 형상의 인형을 걸어둔 것을 볼 수 있었다. 집 뒷골목이나 마루 밑 보이지 않는 곳까지 먼지 한 톨 끼지 않게 해 놓았고, 축소된 산을 들어앉히고 물결무늬의 바다를 그려 넣어 작은 뜰을 만들어 놓았다. 음식도 먹을 만큼만 주어 남길 일이 없었다. 가끔씩 눈에 띄는 차들조차 작은 것들뿐이며 아무리 차가 밀려 있어도 경적을 울리지 않고 기다려 주었다. 큰 것만 좋아하고 성급한 우리가 왠지 속빈 강정이 아닐까 생각되었다.

곳곳에 신과 인간의 매개역할을 하는 신사가 있어 그 문을 넘나들며 마음을 닦는 것일까. 신사 뜰에 선 나무에는 어김없이 소망을 적은 쪽지가 하얗게 매달려 있어 신을 믿는 그네들의 생활상이 짐작된다. 신사 뜰에 즐비한 돌멩이 하나 무심결에라도 주워가면 벌을 내린다고 믿고 있었다. 그래서인지 환경은 잘 보존되고 있었다.

일본 규슈와 한반도 사이에 놓인 대마도가 징검다리 역할을 할 날이 있을까. 한국인과 일본인의 응어리진 마음을 이어주는 휴식공간이 될 수 없을까. 만남의 장소라고 해도 좋겠다.

문인과 문인이 만나 화해의 악수를 청하고, 어부와 어부가 만나 공동으로 고기를 잡고 잠시 쉴 수 있는 장소로는 가장 적당한 위치가 아닐까 하는 상상을 해 본다.

모두가 부질없는 마음이겠지만 두고 오는 대마도가 자꾸 내 눈길을 붙잡는다.

단디 해라이~

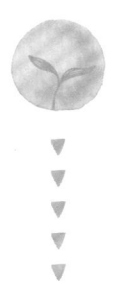

저도 연륙교를 건너다

　비치로드를 걸어보고 싶었다. 도심을 벗어나 달리노라니 짙은 아카시아 향이 달려든다.

　연륙교 건너 횟집은 자리 밑이 그대로 바다이다. 흔들거리는 배를 탄 듯 잠시 현기증이 인다. 바다가 내려다보이는 산길을 걷는 것도 좋겠지만 오늘은 연륙교를 바라보며 밀린 이야기나 실컷 하자고 친구가 조른다.

　솔바람이 시원하다. 소나무 아래 돗자리 하나 깔고 만사 잊은 채 한잠 폭 자고 싶다. 그대로 자갈밭에 퍼질고 앉아 발아래 바다를 바라본다. 녹색의 작은 등대가 괭이갈매기들을 불러 모으고 있다. 갈매기 몇 마리 한가롭게 등대를 돌고 양식장가에는 멍텅구리 배 한 척 무심히 떠 있어 잔잔한 호수 가운데 들어앉은 느낌이다.

　언젠가 밤에 왔을 땐 새로 놓인 연륙교의 형상이 마산의 시조인 괭이갈매기가 형광 빛을 발하며 비상을 하는 것 같아 마산의 앞날을 점치는 듯 뿌듯했었다. 새 연륙교는 경사케이블 사용으로 구조적 안정성뿐만 아니라 바람에도 강하다 한다. 우수한 신공법으로 전체가 교각 없이 상판을 하나 만들어서 얹었다 하니 얼마나 대단한 기술력인지 알 만하다. 광케이블 조명 빛을 받아 밤이면 시간별 계절별로 괭이갈매기가 날아오르는 경관을 여러 가지 빛으로 나타내어 낚시꾼이나 찾는 이들의 눈도 즐겁게 한다. 조금 더 도심 가까이 끌어다 여러 사람이 자주 감상을 했으면 한 적이 있는데 오늘 이 감정은 무엇이란 말인가. 오히려 도심을 벗어나서 다행이란 생각이 드니 말이다.

다리가 놓이기 전 저도는 육지와는 단절된 하나의 섬이었다. 앞을 가로막고서 유유히 흐르는 저 바닷물 속에는 섬사람들의 수없는 한숨이 섞여 있었을 것이다. 육지와 연결된 연륙교는 그들에게 단순한 교통을 위한 것만은 아닐 것이다. 희망과 연결해 주었을 것이고 꿈을 펼칠 넓은 세상으로의 탈출을 도왔을 것이다. 젊은이들에게는 사랑을 잇는 가교역할도 했을 것이다.

새 연륙교 옆의 옛 연륙교는 '콰이강의 다리'라고 불린다. 태국과 미얀마를 잇는 철교를 닮아서 그렇게 부른다. 이 좁고 구멍 숭숭한 다리를 건너노라면 영화 《콰이강의 다리》에서 남루했지만 당당한 연합군 포로들의 행진모습이 떠오른다.

옛 '콰이강의 다리'만 있었을 때는 한쪽에서 차가 오면 다른 쪽에서는 기다렸다가 조마조마한 마음 다스려가며 걸어서 건넜지만 아득하게 높이 걸려 있는 그곳을 다 지났다는 뿌듯함이 있었다.

주홍색 아치형의 이 철교는 젊은 연인들의 데이트 코스로 유명하다. 사랑하는 연인이 손을 맞잡고 이 다리를 끝까지 건너가면 사랑이 이루어진다는 전설이 남아 있어 더 짜릿한 마음으로 다리를 건너보고 싶은 것이다. 좁고 아스라한 난간 위에서는 싫어도 두 손 꼭 잡고 건너야 할 것이다.

이곳의 바다는 그야말로 순수한 바다색이다. 고기가 금방 튀어오를 것 같은 그런 바다이다. 어렸을 적 오직 한 가지 색으로만 파랗게 그린 그 바다였다.

살아가면서 이렇게 순도 높은 푸른색의 바다는 만나기 어려웠다. 도시 가까운 바다는 검은색이거나 암청색 또는 허여멀건 색이었다. 사람의 마음과 닮았다면 지나친 비약일까.

새하얀 굴껍질 다닥다닥 붙어 있는 바위 위에서 깊은 생각에 젖어들려는데 갑자기 요란한 소리를 내며 쾌속정 한 척이 순식간에 지나쳐 간다. 묵묵히 미동도 않던 멍텅구리배도 움찔한다. 나도 퍼뜩 정신이 든다.

나지막한 산을 에두르고 있는 해안선을 따라 눈을 돌리니 화첩을 넘기는 듯하다. 낚시꾼 두엇이 화면의 주인공으로 자리 잡고 있는 평화로운 섬에서 휴식을 하고 싶어진다. 녹색 화첩을 뒤로하고 돌아 나오다 보니 '구복예술촌'이 우리를 붙잡는다. 조용하고 한적한 곳이라 편안하게 예술작품을 즐길 수 있는 곳이다. 마당에는 여기저기 장승들이 몸을 기대고 서 있다. 가슴팍에 '천하대장군' 대신 '나 여기 있소'라는 이름표를 단 장승을 보니 우리를 기다린 것 같아 이곳에 들르길 잘했다는 생각이 든다. 얼마나 들렀다 가길 원했으면 그런 이름표를 가슴에 새겼을까.

내가 좋아하는 사람과 함께 천혜의 자연환경을 지니고 있는 연륙교를 거닐어 보고 예술촌에 들러 차 한 잔 앞에 놓고 바다를 바라보는 여유를 부린다면 괜찮은 삶을 산다고 할 수 있지 않을까.
 어둠살이 깔리기 시작한다.

일상의 발견과 삶의 깨달음
— 허숙영의 수필세계

鄭 木 日
한국수필가협회 이사장 · 한국문협 부이사장

1. 수필은 삶과 인생을 담는 그릇

　허숙영 수필가가 데뷔 12년 만에 처녀 수필집 《단디 해라이~》를 상재한다. 그는 데뷔 이후 동인회를 통해 부단히 수필공부를 해온 작가이다. 수필은 논픽션이기 때문에 '문장이 곧 사람이다' 는 말이 적용된다. 마음이 맑아야 맑은 글을 쓸 수 있으며, 인격에서 향기가 풍겨야 문장에서 향기가 나는 법이다. 허숙영의 수필에선 마음의 경지랄까, 흔들림이 없는 자세가 보인다. 마음을 정화해내는 삶의 발견과 깨달음을 얻고 있다. 이런 인생적인 경지가 수필경지에 이어져 수필의 맛과 깊이를 보여준다고 할 수 있다.

수필은 대개 신변잡사身邊雜事가 소재가 되기 때문에 개인적이고 사소한 것들이다. 개인적인 체험, 사소한 것에의 발견이 수필이 갖는 한 특질이다. 거시적인 게 아니고 미시적인 세계이다. 눈에 잘 띄지 않게 작은 것, 흔히 스쳐 지나가 버리고 마는 일들, 관심조차 없었던 사소한 것들에서 삶의 의미를 발견하는 일이다.

허숙영의 수필은 가정에서 겪는 체험을 비롯한 신변잡사가 바탕을 이루고 있다. 여성 수필가의 경우는 주부로서 집안 살림과 가족들과의 관계, 살림살이를 통한 일상의 발견과 깨달음이 작품세계의 주축을 이루는 게 보통이다. 일상사日常事는 주부 작가의 공통적인 삶의 모습이 아닐 수 없다.

2. 일상을 통한 삶의 발견

　　포항에서 대학을 다니는 아들을 만나러 우리 부부는 오랜만에 포항에 갔다. 아들만 만나면 시골에 계신 할머니에게 전화를 하라는 남편이 아들을 보자마자 또 안부전화할 것을 강요한다.

　　무뚝뚝한 아들이 "예. 예." 하며 간단한 대답 몇 마디만 하더니 전화를 끊고 씩 웃는다. 할머니께서 "단디 해라이~." 한마디로 전화비 많이 나온다며 전화를 끊으셨단다. 아들에게 그 말뜻을 알겠느냐고 물으니 엄마가 자주 쓰는 말이니 알 것 같기도 하단다. 단디 하라는 말 속에는 하고 싶은 말 모두가 다 들어 있다고 설명해주었다.

경상도 사람은 대체로 성질이 급해서 쓰는 언어도 짧고 굵고 빠르다. 짧은 언어 속에 많은 것을 표현하려니 투박하고 거칠다. 하지만 경제적이다. 자질구레한 속마음은 다 잘라버리고 한마디 툭 던지는 사투리에서 정겨움과 한 울타리 공동체임을 느낄 때가 많다.

단디 하라는 말은 많은 것이 함축되어 있는 경상도 사투리다. 염려가 있고 사랑이 있고 기도가 들어 있다. 흔히 들을 수 있는 말이지만 아무에게나 할 수 있는 말이 아니다. 할머니가 귀히 여기는 손주에게, 어머니가 멀리 떠나는 아들딸에게 애정을 듬뿍 담아 할 수 있는 말이다. 투박한 말투 때문에 자신의 마음을 다 내보이지 못하는 경상도 어머니의 뭉뚱그린 마음씀이 소도록하게 다 들어 있다.

이렇게 추운 날 몸조심하라는 뜻도 들어 있고, 밥 잘 챙겨 먹으라는 뜻도 들어 있다. 공부 열심히 하라는 것도, 부모님 실망시키지 말라는 당부도, 자주 전화하라는 부탁도 있을 것이다. 너를 믿고 사랑한다는 할머니의 애틋한 정도 들었고, 형제간에 사이좋게 지내야 하며 자만하지 말라는 훈계도 들었을 것이다. 그러고 보니 '단디 해라이~'가 엄청난 힘이 있는 한마디로 다가온다. 대단한 포용력을 가진 말이 아닐 수 없다.

오래전, 객지에 나가는 나에게 눈물 훔치며 어머니가 일렀던 말이기도 하다. 혼자서 헤쳐나가야 하는 풍랑 속으로 내보내는 딸의 뒷모습이 안쓰러웠을 것이다. 오래도록 붙잡아 두지 못하는 처지를 가슴 아파했을 것이다. 사춘기를 방황 없이 넘길 수 있었던 것은 그때의 엄마 심정을 헤아려 볼 수 있었기 때문이 아닌가 싶다. 힘들고 외로워 다 포기하고 싶을 때 떠올려 보는 영양제 같은 말이었다.

'단디 해라이~' 입속에 넣어 조용히 되뇌어 본다. 세상을 단단히 야무지게 스스로를 단속하며 내가 주인공이 되어 이끌어 보라는 여운이 되어 가슴속에 머문다. 단단하고 옹골차게 살라는 뜻이리라. 못내 어수룩한 나 같은 딸에게 어머니가 할 수 있는 최상의 말이었을 것이다.

— 〈단디 해라이~〉의 일부

'단디 해라'는 말은 '단단히 하라'는 경상도의 방언이다. 특히 진주지역에서 많이 쓰는 사투리이다. 할아버지나 부모가 자식에게 당부하는 말로서 매사에 일이나 행동을 정확하고 분명히 하여 허실이 드러나지 않게 하라는 당부의 말이기도 하다. 세상을 살아가는 데 있어서 빈틈없이 야무지게 행동할 것을 주문하고 있다. 이는 조부모나 부모가 아들이나 손자에게 들려주는 염려와 당부의 말이 모두 함축해 있는 말이다. 단 한 마디 말로써 자식들이 잘되길 바라는 염원과 자신을 철저하게 단속하여 허물 없는 삶의 자세를 보여줄 것을 바라는 당부가 함께 들어 있다. 사랑의 말인 동시에 경계와 수신修身을 함께 주문하는 염려의 말이기도 하다.

'단디 해라'는 말 속에는 경상도인들의 기질과 사랑이 엿보인다. 무뚝뚝한 말처럼 들리지만 정과 걱정을 동시에 내포하고 있는 말이기도 하다. 경상도 사람들은 어릴 적부터 부모나 조부모로부터 '단디 해라'는 말을 수없이 들으면서 성장하는 동안, 항상 자신이 처한 처지와 삶의 길에 있어서 자세를 바로잡고 올바른 길로 나가게 하는 긍정의 힘을 받고 있다. 〈단디 해라이~〉에서 할머니가 손자에게 '단디 해라'는 말로 당부를 하였고, 친정어머니가 시집간 딸에게 무수히 당부한 말 역시 '단디 해라'였음을 저자는 되새기고 있다. 〈단디 해라이~〉는 한 마디 말 속에 깃든 가족 간의 사랑과 삶의 자세에 대한 교훈을 대물림하는 경상도의 사랑법과 교훈을 되새겨주고 있다.

허숙영의 삶과 수필에선 항상 친정 부모로부터 들어왔던 '단디 해라'는 교훈을 거울 삼아 삶과 인생에 대한 성찰과 의미, 매사에 최선을 다하려는 모습과 궤적을 보여준다. 부모로부터 수없이 들었던 이 한 마디는 경상도 사람들에게 귀중한 삶의 교훈으로 대대로 대물림되는 정신이요 삶의 지표가 돼주고 있음을 본다.

수필의 생명은 진실에 있으므로 글쓰기 전에 마음이 명경지수明鏡止水처럼 맑아 자신의 영혼이 비춰 보이는가 들여다보아야 한다. 고요의 중심에 정좌正坐 하여야 한다. 타오르는 촛불처럼 고요의 한 중심점에 앉아 진실과 대면해야 한다. 사물의 진실과 영혼의 진면목을 찾아내야 한다.

수필을 맵시 있게 빚어내리라는 생각은 어처구니없는 착각에 불과하다. 재주와 지식으로 쓴 글에는 마음의 여유와 인생의 향기가 없다. 체험을 위주로 쓴 글에는 명상과 정감이 부족하다. 예리하고 통렬한 비판정신이 번득이는 글에는 대안과 치유의 손길이 따라주지 않는다.

흔히 수필은 '자신이 겪고 느낀 것을 진솔하게 쓴 산문 형식의 글'로 가볍게 인식하고 있다. 자신의 체험과 느낌을 쓰면 되므로 누구나 쉽게 수필에 접근할 수 있지만, 좋은 수필을 쓰기란 여간 어려운 일이 아니다. 좋은 인생이어야 좋은 수필을 쓸 수 있기 때문이다. 마음이 맑고 인격에서 향기가 나야만 맑고 향기로운 수필이 나올 수 있다. 수필의 홍수시대를 만났지만, 좋은 수필을 대하기 어려운 것은 좋은 인생, 우러러 존경하고 싶은 사람을 찾기 어려운 데서 원인을 살펴야 할 것이다. 물질이 풍요할수록 정신은 황폐해지고, 지식이 넘칠수록 인격은 저속해지고, 재주는 비상하지만 덕이 부족하며, 말은 유려하지만 향기가 없으며, 설득력은 있으나 마음의 여운이 느껴지지 않는다.

허숙영의 수필에선 인생 성찰과 함께 마음 수련과 인격 도야에 힘쓴 흔적이 보인다. 항상 겸허한 자세로 배움에 임하고 있다. 이런 자세가 문학의 질을 높이고 인생에 향기를 불어넣는 요소가 되고 있다.

> 수술을 앞두고 어머니는 정리할 게 많은 듯 유언처럼 자질구레한 이야기를 하더니 머리카락을 자르고 싶어 했다. 팔십 평생 한 번도 짧게 잘라내지 못한 머리카락이다. 부모가 준 머리카락을 절대로 훼손할 수 없다고 여태껏 버텼는데 웬일인지 잘라버리고 싶단다.
>
> 어머니를 의자에 앉히고 보자기를 둘렀다. 쪽을 찐 머리를 풀어 내리고 가위를 드니 어깨가 움찔한다.
>
> "깎지 말까요?"
>
> "아니다, 깎아버려라!"
>
> 다잡은 마음도 어쩔 수가 없는지 급기야 눈물 방울이 떨어진다. 눈물 속에 깃든 의미는 무엇일까.
>
> 어머니는 여자라고는 없는 집에 시집을 와, 병 깊은 시아버지 수발을 들며 농사일을 하고 집안 살림을 해왔다. 그동안 여자로서의 치장은 해 볼 겨를도 엄두도 내 보지 못했다. 어쩌다 외출을 할 기회가 있을 때면 유일하게

치장을 하는 것이 머리였다. 아주까리 기름을 바르고 반듯이 올려 빗어 비녀를 꽂아 쪽을 찌는 것이 전부였다. 칠흑 머리에 단정히 쪽을 찌어 새하얀 모시 한복을 차려입고 나서면 다른 화장을 하지 않아도 눈이 부셨다. 아버지도 말은 하지 않았지만 그런 어머니가 자랑스러웠는지 머리 모양만은 그대로 두길 원했다.

그렇게 어머니를 여자답게 만들어주던 그 머리카락을 자르려니 눈물이 날 수밖에 없을 것이다.

"한 귀퉁이 깎고 나니 대성통곡 절로 나고, 한 귀퉁이 깎고 나니 치마 앞이 소가 되네……."

구전민요 한 가락을 읊더니 또 한숨을 내쉰다.

"머리 짧으면 감기 좋고 말리기 좋고 잠자기도 편하고 또한 영양분이 머리카락으로 다 가는 일도 없으며……."

나는 어머니 눈치를 살피며 이런저런 말로 길게 설득을 한다. 몇 번의 다짐을 두고 손아귀에 든 한 묶음의 머리카락을 싹둑싹둑 자른다. 어머니의 애환이 잘려 나가고 진한 설움 덩어리 같은 검은 머리카락 한 줌이 내 손에 쥐어졌다. 다시 이어 붙일 수 없는 그것은 되돌릴 수 없는 세월처럼 어머니의 마음에 미련을 갖게 만드나 보다. 혹시 쓰일 데가 있을지 모른다며 모아 두라고 하더니 내가 볼멘소리를 내지르니 그냥 버리란다.

(…중략…)

획기적인 변신을 하고 걱정스러운 마음으로 두어 달 만에 집에 돌아간 어머니에게 야단을 칠 줄 알았던 아버지는 "임자 머리가 꼭 꽃송이 같네.

그동안 고생 많았네." 하면서 오히려 위로를 해 주셨다. 그러고 보니 막 피어난 한 다발의 백장미 같았다.

　그 한마디 말만으로도 오랜 세월 옹이 진 마음을 풀어 놓기에 충분했다. 과묵한 아버지로서는 고마움과 미안함이 섞인 최고의 찬사인 것을 어머니도 알기 때문이었다. 또한 한평생 고생만 시켜가며 쪽머리처럼 묶고 있던 엄격한 인습으로부터의 해방이며 맏며느리, 아내, 어머니의 의무에서 벗어나도 좋다는 하늘의 전언같이도 들렸다. 아내에게 자유를 주었음인지 그해 가을 아버지는 홀가분하게 먼 길을 떠나셨다.

— 〈꽃으로 피어난 쪽머리〉 일부

　〈꽃으로 피어난 쪽머리〉는 수술을 앞두고 친정어머니의 쪽찐 머리를 자르면서 느낀 감회와 생각을 형상화시킨 글이다. 친정어머니가 평생 동안 쪽머리로 살아온 것은 오랜 인습의 굴레 속에 책무를 다하고, 순종적인 여인상을 지향하려는 의지의 표징이었다. 수술을 위해서 어쩔 수 없이 감행해야 했던 사전 조치였지만, 옛 풍습과 삶으로부터 벗어나는 일대 변화를 보여주는 일이 아닐 수 없다. 시대적인 변화에 따라 삶의 모습이 달라짐을 보여준다. 오늘날 옛 풍속과 자취는 소리 없이 사라져가고 있는 중이다. 농경문화가 산업문화를 거쳐 디지털시대로 급속도로 변천되고 있다. 농경문화 속에선 100년 동안 3대에 걸쳐서 소통과 공감대가 이뤄졌지만, 오늘날엔 문명기기의 사용 능력과 연령층에 따라 소통과 공감대가 이뤄지고 있다. 하지만 시대의 변화에 적응되지 못해 사라져가는 구세대의 풍물과 풍속들을 구태의연하고 쓸모없는 것으로만 생각해선 안 된다. 사라져가는 풍속, 고유미, 인정 등을 재발견, 재음미하여 문화유산으로 계승시켜 놓아야 한다. 허숙영의 수필에선 아직도 남아 있는 농경문화와 문화유산 속에서 우리 삶의 슬기와 전통과 미학을 찾아보려는 의식을 발견하곤 한다. 민족문화의 전통은 옛것의 망각이나 무시로선 이어질 수 없는 일이다. 당시대를 살았던 사람들의 애환과 미의식, 그리고 민족의 숨결을 살려 놓으려는 노력이 가상하다.

3. 문화재에서 얻는 민족의 숨결

허숙영 수필가는 우리 민족의 문화재에서 민족의 숨결과 미의식을 발견해낸다. 문화재엔 민족의 얼과 미의식이 숨 쉬고 있다. 민족의 삶과 전통과 슬기가 꽃피어 있다. 한류문화가 세계에 퍼지고 있는 시대이다. 우리 문화에 대한 자긍심을 느끼고 깊이를 아는 일도 소중하지 않을 수 없다. 민족 문화유산에서 우리만의 독특한 미, 멋, 맛, 흥, 신바람을 알고 체득할 수 있어야 한다. 문화 창조나 문화 수출도 먼저 우리 문화에 대한 깊은 이해와 계승이 수반돼야 가능한 일이다. 그런 점에서 허숙영의 우리 문화재에 대한 관심과 눈썰미는 작가로서 매우 바람직한 태도가 아닐 수 없다.

옹기 항아리는 모든 것을 수용한다. 고추장을 담으면 고추장 항아리가 되고 간장을 담으면 간장 항아리가 된다. 물을 길어먹던 시절에는 새벽의 청정한 우물물을 길어와 항아리 속에 부어두었다가 미세한 잡티마저 가라앉고 나면 먹었다. 그 정화된 물맛이 요즘의 정수기에서 쏟아져 나오는 물에 비하랴. 소금을 담으면 소금 거적이 되어 닷새장서 사온 갈치며 계란 등을 파묻어 벌레의 근접을 막았으며 쉬 상하는 것도 막았다. 김치는 그 속에서 익을 때라야만 깊은 맛을 가질 수 있으며 젓갈은 또 그 안에서만이 심오하게 익어간다. 이런 것들 모두가 자연의 일부로서 호흡하는 항아리만 가지고 있는 특권이 아닐까.

콩이며 수수며 봉지 봉지 담아 넣는 창고 역할도 했다. 땅 깊숙이 묻혀서 사람들의 배설물을 삭혔다가 거름으로 내어놓는 일조차 스스럼없었다.

홍매화 한 가지 꺾어 아무렇게나 척 던져 놓으면 영락없이 어울리는 화병이 되기도 한다. 어릴 때 나는 항아리 입구에 머리를 박고 말을 하기도 했다. 신기하게도 웅얼웅얼 내 말을 받아주는 친구 역할도 해 주었던 것이다. 내가 신이 나서 소리를 지르면 덩달아 밝은 소리로 기뻐해 주고 내가 힘없이 중얼거리면 그는 조용히 듣고만 있었다.

백자처럼, 유연하고 한 점 티끌도 허용치 않을 것 같은 눈부시게 흰 몸매도 아니다. 거무죽죽한 것이 도통 양반 행세는 못할 것 같다. 한쪽이 움푹 들어가서 균형이 맞지 않는 것들에서부터 완만한 곡선으로 제법 귀티가 나는 것들이 어울려 그들만의 세상을 만들어 놓았다. 사람의 손길에 의해서 만들어졌으면서도 인공적인 냄새는 풍기지 않는다. 자연스레 자연에 동화되어 모자라지도 넘치지도 않는 풍경화의 한 귀퉁이가 되었다.

옹기 항아리는 햇살에 그을린 농부들의 심상을 닮았으리라. 완만하고 소탈한 곡선이 그것을 말해 주고 있다. 더러는 울퉁불퉁 거친 면도 보이나 솔직 담백함을 있는 그대로 보여주는 것 같아 더 정감이 간다. 화려하지만 속을 절대로 보이지 않으려는 청자보다야 누구나 옆에 앉아 친구가 될 수 있는 항아리가 훨씬 다정하지 않은가.

 옹기 항아리는 청자나 백자처럼 안방 윗목 자리를 내어달라고 하지도 않는다. 유리병처럼 자기 속을 훤히 드러내어 조금만 사람의 손길이 미치지 않으면 티를 내고 앵돌아지는 유치한 짓도 하지 않는다.

— 〈옹기 항아리처럼〉 일부

 이 글은 장독대에 놓여 있는 생활 용구인 옹기에 대한 예찬이다. 세계 최고의 명품으로 알려진 고려청자, 조선백자가 아닌 옹기 항아리에 대한 관심과 소박한 미의식을 발견해낸 것이 더욱 가슴에 닿아온다. 청자와 백자에 대한 예찬은 이미 많은 미술 사학자나 문인들에 의해 이뤄졌지만 소박하고 수수한 생활 용구에 불과한 옹기 항아리는 간장, 된장을 숙성시켜서 고유한 맛을 내게 하는 그릇이다. '옹기 항아리는 햇살에 그을린 농부의 심상을 닮았으리라. 완만하고 소탈한 곡선이 그것을 말해 주고 있다.'고 표현하고 있다. 옹기 항아리의 소박미와 은근미, 원만한 모양의 포용력과 햇살과 기후를 잘 받아들여 장맛을 내고 숙성시킬 줄 아는 옹기의 멋과 맛을 살려낸 솜씨가 예사롭지 않다.

 찬란 황홀하게 눈에 번쩍 띄는 장식용 문화재보다 눈에 잘 띄지 않는 생활 용구에서 관심과 미의식을 찾아내는 눈썰미가 있다. 이런 마음가짐이 우리 문화에 대한 애정과 민중의식을 발견하는 눈이 아닐 수 없다. '옹기 항아리가 화를 다스리고 있는 청정작용을 하고 있다.'는 것만을 보아도 저자는 옹기 항아리를 하나의 사물로만 보는 게 아니라, 어떤 화나 어려움도 견뎌서 맛과 빛을 내는 슬기로운 현자賢者에 비유하고 있음을 본다. 생활 용구에서 깨달음의 꽃을 피워냄은 곧 마음의 경지가 아닐 수 없다.

4. 보이지 않은 것들의 발견과 깨달음

보이는 것은 보이지 않는 것에 닿아 있고,
들리는 것은 들리지 않는 것에 닿아 있고
생각나는 것은 생각나지 않는 것에 닿아 있다.

18세기 독일의 낭만주의 시인인 노발리스의 말이다. 보이는 것, 들리는 것, 생각나는 것을 표현한다는 것은 보편적인 일이고 누구나 할 수 있는 일이다. 문학이나 예술이란 보이지 않는 것, 들리지 않는 것, 생각나지 않는 것을 표현해 내야 한다. 그러기 위해선 보이지 않는 것을 볼 줄 아는 눈, 들리지 않는 것을 들을 줄 아는 귀, 생각나지 않는 것을 생각해내는 상상력이 필요하다. 이런 눈, 귀, 생각을 가지려면 마음의 눈, 귀, 생각이 필요하다. 곧 깨달음의 경지인 것이다.

보이지 않는 것을 볼 줄 아는 눈을 가지려면, 오랜 체험과 명상으로 깨달음의 눈을 얻어야 한다. 허숙영의 수필에서 보이지 않는 것들의 발견과 존재의 가치, 의미의 부여가 수필쓰기를 통한 마음의 연마에 있음을 알려주고 있다.

어머니는 들리지도 않는 보청기를 끼고 앉아 있다. 자식들이 해 준 것이라 끼고 있는 것만으로 좋다며 빼내 버릴 생각이 없다.

어머니는 세상 속의 정물화가 되어 버렸다. 우리가 옆에서 떠들고 웃어도 이유를 모르니 웃을 수도 없다. 고함을 지르거나 행동으로 보이지 않으면 알아들을 수가 없어 물끄러미 바라만 보다가 함께 미소를 짓는다. 염화시중의 미소가 이런 것일까. 세상의 소리들로부터 격리되어서야 비로소 평화를 찾은 건 아닐까 생각되기까지 한다.

어느 해 설을 쇠고 밀려드는 차들을 피하느라 늦게 출발해 밤이 이슥해서야 어머니 집에 당도했다. 혼자 사는 어머니가 밤에는 문까지 걸어 잠그고 고요 속에 잠긴다는 걸 미처 생각지 못했던 것이다. 전화를 해도 문을 두드려도 잠겨버린 청력처럼 열릴 줄 몰랐다. 그 늦은 시간에 자식이 찾아오리라 생각을 하지 않았던 것이다. 다행히 가까이 언니가 살고 있어 열쇠를 받아 들어가니 화들짝 놀라 일어나서 눈물을 왈칵 쏟아 내었다. 기다리던 자식들이 와도 모르고 잠만 자는 자신이 한심하다며 가슴을 쳐 대더니 이내 마음을 바꾼다.

"그래도 안 보이는 것보다야 낫지 않나. 내 새끼 얼굴 볼 수도 있고."

체념이 때로는 가장 값진 위안이 될 수 있다는 것을 깨닫는다. 엄마의 말 한마디에 우리 가족 모두가 안도의 숨을 내쉴 수 있었다.

사람의 귀가 둘이고 입이 하나인 것은 말하는 것보다 듣는 것을 두 배로 해야 하기 때문이라고 탈무드에서는 말한다. 다른 사람의 말에 귀 기울여 들어주라는 뜻일 게다. 말을 잘 들어주는 것이야말로 상대의 마음을 얻는 최선의 지혜이다.

  그러나 험한 굴곡의 생을 건너 미수를 눈앞에 둔 어머니는 이렇게 말한다. 남이 하는 험담은 한쪽 귀로 듣고 한쪽 귀로 흘려버리라고 귀가 둘이란다. 그래야 내 맘이 편해진다고. 한 귀로 듣고 입으로 쪼고 있으면 결국엔 분란이 일어나게 된다는 것이다. 참고 살면서 나름대로 터득한 진리의 말씀이다. 양쪽 귀가 다 멀어버린 어머니는 험담 들을 일 없어 좋겠다는 나의 핀잔에도 말이 없다.

  나도 나이가 들면서 마음으로 듣는 귀는 어두워지고 고집만 늘어난다는 말을 가끔씩 남편에게 들을 때가 있다. 바깥에서 들어오는 소리가 차단되면 내면의 소리에 귀를 기울이게 될까.

— 〈보청기 속 세상〉 일부

  어머니가 귀에 장애가 생겨서 자식들이 장만해 준 보청기를 끼고 있지만, 이마저 소용없게 되어 자식들의 말을 듣지 못하는 처지가 되었다. 그러나 소리는 듣지 못하지만, 자식들의 얼굴을 볼 수 있는 것만으로도 다행하다는 말을 한다. 어머니는 귀는 멀었지만 자식들의 표정을 보고서 말을 알아듣는 법을 터득하게 된 것이 아닐까. 사랑의 눈과 귀로써 알게 된 것이다. 이것이야말로 마음의 눈과 귀를 가진 것이 아닐 수 없다. 허숙영 수필가는 보이지 않는 것, 들리지 않는 소리를 들을 줄 아는 마음의 경지를 보여주고 있다.

5. 성실과 정성으로 그린 자화상

　허숙영의 수필세계를 대별하여 보면 일상을 통한 삶의 발견, 문화재를 통한 겨레의 숨결, 보이지 않는 것들의 발견과 깨달음이다. 허숙영 수필가는 일상의 신변잡사에 함몰된 듯한 글쓰기에서 벗어나 가정뿐만 아니라, 문화, 사회변화 등에도 관심을 보이며 자신의 의식과 가치관을 형상화한 점이 뜻깊게 여겨진다.
　허숙영은 이번 처녀수필집에서 만만찮은 역량을 보여주고 있다. 신인의 글에서 느끼는 문장의 미숙과 부조화는 보이지 않고, 성숙과 담담함이 있음은 인생과 마음의 경지가 이미 깊이를 지니고 있음을 뜻한다. 무엇보다 삶에 성실과 정성을 다하는 자세를 보이고, 서두르지 않는 인내와 꾸준한 노력이 돋보인다. 이 수필집은 성실과 정성으로 짜놓은 일상의 발견과 삶의 깨달음이 아닐 수 없다. 삶과 수필의 길을 이런 자세로 꾸준하게 나가길 바란다.